AF241702

壹嘉个人史系列

林慕荆◎著

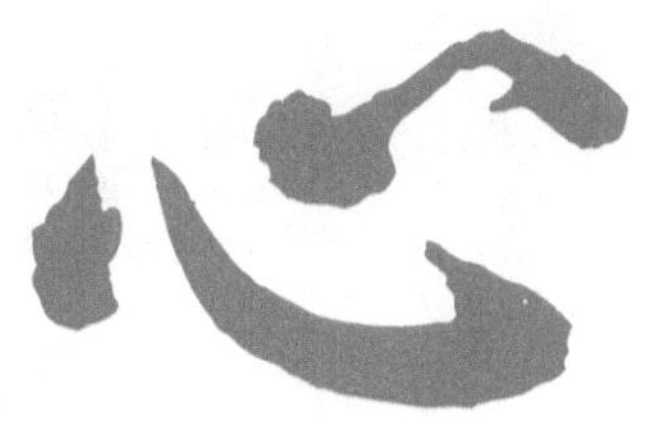

心

平凡不平淡的人生

路

壹嘉出版

壹嘉出版
1 Plus Books
https://1plusbooks.com

书名：心路：平凡不平淡的人生
作者：林慕荆
© 林慕荆 2025

2025 1 Plus Books® 壹嘉出版®
Paperback Edition
Published and Printed in the United States of America

ISBN: 978-1-966814-36-8

出版人：刘雁
封面设计：王烨
定价：$25.99
San Francisco, USA , 2025
https://1plusbooks.com
email: 1plus@1plusbooks.com

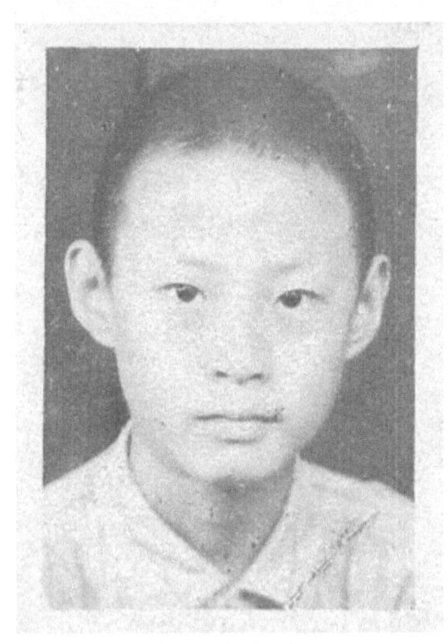

9岁时的林慕荆

平陆县中学证件照

与学生合影于山西平陆

北京俄语学院留影，1957年左右

山西合照之一

山西合照之一

上左、上右：庐山留影，1981

中、下左、下右：苏州留影，
1981年左右

林慕荆
1985年左右

林慕荆
1992年左右

林慕荆
1992年

林慕荆
1993年左右

林慕荆
1993年左右

林慕荆
1994年六十岁生日

林慕荆
1990年年代末

林慕荆
1995年左右

林慕荆
1992年

林慕荆 1996年

林慕荆 1997年

父子合影 1993年

父子合影 2002年

目 录

序曲 童年·少年

戒严惊魂

1935年仲春三月。莺飞草长时节。

湖北省沙市市。

某日下午三四点钟光景，各个车站码头，交通道口，突然临时增派了岗哨，实行戒严。三三两两荷枪实弹的军警严密监视着过往人群，对可疑对象进行盘查诘问。"站住！""把包袱打开！""笼子里装的是什么？""怀里抱的是谁的孩子？"喝斥声此起彼伏。与此同时，还不时传来妇女和孩子的哭叫声。

发生了什么大事？追逃？抓人？缉毒？

走在大街上的行人都侧目而视，惊疑不定。

戒严延续了不到两个小时即告解除，出动的军警一无所获，无功而返。但事后每个弟兄都得到一包哈德门香烟的犒赏，他们被告知，这是林秘书长赏的。

这场突如其来又迅速结束的戒严是怎么回事呢？这位林秘书长又是个什么样的人呢？

林秘书长名涛字镜清，是当时驻扎在沙市的国民党第二十六集团军第十军秘书长，集团军总司令兼十军军长是徐源泉，他们俩是远房的表兄弟，徐称呼林为三哥，二人的关系甚为亲密。林涛为人清正廉洁、谦和宽厚，颇受同僚敬重。当年（1928年）徐源泉部下28军军长孙殿英盗陵被国民党饬令查处，他曾到时在天津的林涛住处求情，恳请林为之向徐源泉说情并当场献上重贿，遭到林涛拒绝，劝他将所盗之物悉数上交。从这件事也可见其为人之一斑。

1935年的时候部队驻扎在沙市，林涛随军部住在童家花园。林涛的儿子林仲勤在十军干部学校任英文教官，儿媳康丽作为全职太太携一双儿女住在沙市潘家巷。那日午后，天气晴好。康丽带着不满四岁的女儿和十个多月的儿子去大门外晒太阳。她让女儿坐小凳，把儿子放在家家椅（一种可推动的木制小车）里，安排好后进屋去搬躺椅，不想女儿也跟了进去，只剩下小儿子独自在外。不过才一小会儿工夫，康丽端了躺椅出来就发现家家椅空了，小孩不见了。她忙往巷子两头张望，哪里还有踪影？她顿时惊出一身冷汗，连忙大声喊叫女佣关妈，关妈茫然回说不知。这可真把她吓坏了！孩子丢了，这还得了？拐卖？绑票？一堆问号拥上心头 …… 怎么办？首先想到的是赶快报告老太爷。可家里连个电话都没有（老太爷廉洁，不让装），只有亲自往军部跑一趟，于是嘱咐关妈照看好女儿，雇了一辆黄包车往童家巷疾驰而去。

林涛得到报告也吃惊不小，马上吩咐副官安排有关方面查找，副官不敢怠慢，立即以军部的名义给侦缉队和警察局发出相关指令，于是就有了本文开头的一幕……

从军部回到潘家巷的康丽如热锅上的蚂蚁，愁肠百结，坐立不安。爱子失踪不啻剜掉她心头的一块肉呵！她刚从娘家上海回到武昌寓所，不到一个月，就被急于见到孙子的公爹召到沙市，邻里尚未处熟就出了这么大的事，莫非这是命中注定！？这件事让下课回家的丈夫知道了会怎么想？她正胡思乱想着，忽然从门外闪身走进一个中年男子来，他怀抱一个身着浅绿色华丝葛丝棉袄裤，头戴一顶镶嵌着翡翠宝石的绣花缎帽，皮肤白皙红润，模样伶俐可爱的孩子。来人兴冲冲地边走边高声叫道："三少奶奶，您真好福气呀，小少爷这么漂亮，爱死人了！我把他抱到家里，人见人爱，都抢着亲咧！"康丽定睛一看，来人原来是同住一条巷子的十军秘书处的郭师爷，康丽喜孜孜一把抱过孩子，一叠声地埋怨道："郭师爷，你抱孩子也不打招呼，都快把人急死了，老太爷那边正叫人戒严呢！"郭师爷一听脸色就白了，没想到无意中竟闯了大祸，忙道："我该死，我该死，三少奶奶，我这就去向老太爷说明情况，请罪！"

一个小小的误会竟引发了一场不小的风波，而风波的缘起只是为了一个孩子，这个孩子就是本文的作者——林庆生，也就是我，林慕荆。

我的父亲母亲

1934年4月19日，我出生在武昌戈甲营。在沙市的祖父林涛收到武昌家人的电报，得悉三儿媳康丽诞下一男婴，笑得合不拢嘴，立即命勤务兵到荆州十军干部学校把三少爷请过来，父子俩合计了一番给新生婴儿起了一个喜庆的乳名——庆生。两年前林涛刚刚经历了丧子之痛——大儿子林美润猝死于急症，给他以极大打击，现在添了一个孙子，心灵上得到了些许补偿。庆生，庆生，他的降生会给林家带来喜庆好运吗？

我的母亲康丽生我时产后大出血，身体极度虚弱，父亲告假陪同我们母子去上海外婆家疗养，在外婆家住了八个月。

我外婆家是一户有钱人家。我的外公名叫康凯伯，是上海南汇县的一位名医，出身中医世家，其高祖上曾当过乾隆朝四品御医，告老还乡时获乾隆帝赏赐颇丰，其中有名贵字画和珍奇金银玉器，最值得称道的是一副唐伯虎的三猫戏蝶图和一艘纯金打造的帆船。该船长一尺五寸，宽与高各约三寸，两边有桨十对，船体造型优美，雕刻精细，有极高的艺术价值。当然这些珍玩是秘不示人的。康公的高祖返里后在浦东新场开设一爿药铺，一边行医一边制药，生意十分兴隆，挣下了一份极大的家业。可惜发家不发人，代代皆是单传，到我外公这一辈，膝下只有我母亲一个女儿家，按旧时的说法，这就等于断了香火。

母亲作为独生女儿，被外公视为掌上明珠。外公想让她继承祖业，在她中学毕业后让她考入同济大学学医，哪知她从小娇生惯养，连一条虫都怕的，在学校实验室看到柜子里、水池里都是尸体，吓得魂不附体，哪里还敢学习下去，于是便转学到上海法科大学学习法律。为了女儿上学方便，外公特地在上海辣斐德路召庆里买了一幢三层楼的房子，由外婆带着几个佣人料理生活，他本人则经常回浦东兼打理药铺和新开办的袜厂生意。

我父亲母亲的婚姻是非常奇妙的，真正应验了一句古谚：有缘千里来相会……

当初，我的外公是要招一个女婿的。一般来讲，有身份人家的男子是不愿意做上门女婿的，愿意上门的条件都比较差。我的父亲林仲勤是中将秘书长家的三少爷，当时在上海暨南大学念书，也算得上是一介贵公子，怎么会愿意做上门女婿的呢？这就是缘分在起作用了。

我母亲大二时有个同班女同学尹进，她的未婚夫刘温公是个华侨，当时也在暨南大学上学，与我父亲是同房的室友。一次刘温公去看尹进，带了林仲勤同往，在法科大学校园邂逅了康丽，一番介绍后两人一见钟情，约会几次后林仲勤便央刘温公和尹进做媒人，尹进说Miss康是要招郎入赘的，恐怕Mr.林不愿意吧？哪知 Mr.林已深坠情网竟一口应承。但是婚姻大事毕竟非同小可，没有长辈的首肯是很难成功的。身为中将秘书长的老太爷，会同意自己的儿子屈尊做平民百姓家的上门女婿吗？林仲勤其实是毫无把握的。他经过一番深思熟虑，抱着侥幸的心理给老太爷写信报告此事，以极尽夸赞的口气详细介绍了女方的家境如何殷实，本人如何贤淑，然后小心翼翼地提出入赘之请，恳求老太爷恩准。信发出后林仲勤终日惴惴，唯恐遭到驳回乃至训斥。没想到不几日便接到老太爷的电报回复，文言简意赅，态度明朗，同意儿子所请。略谓：吾本一介寒士，今日之地位乃幸至也，岂可恃权傲人？康是世代名医，惜子嗣不旺，其情堪怜，汝有长兄，若汝入赘，于康家有益，而于林家无碍也。

老太爷为什么这么通情达理呢？这确实同他的出身有关。

他出生在湖北黄冈仓埠陶山村，一个小土地出租农家，自幼饱读诗书，光绪二十年经院试入泮，以后屡屡乡试不第，感觉心灰意冷遂放弃科考，开办私塾，收几个同宗子弟，赚取微薄来养家糊口。没想到过了不惑之年突然时来运转。1925年，多年前因家贫闯关东一去无音信的表亲徐源泉突然回乡省亲（当时他已到奉系张宗昌部任师长）。他敬重我祖父有学问且为人方正，礼聘他为师爷，不久正式任命为秘书长。在那个军阀混战的年代，枪杆子造就各种"长"，几年功夫徐源泉跃升国民革命军第二十六集团军上将司令兼十军军长，我的祖父也就水涨船高担任了少将秘书长，未几又晋升中将。

我的祖父出身寒微，只是中年以后才发迹，发迹了并未忘本，不像有些小人那样，得志便猖狂，而是时时处处仍以平民身份自处，所以在我父亲的婚事问题上表现得如此豁达大度。不过，还有一个因素也起了很大作用，就是他膝下有两个儿子，如果只有一根独苗，那他也是不愿意的。

我祖父祖母共诞育了九个子女，由于家境贫寒早夭了四个。我父亲排行第三，上有一个哥哥一个姐姐，下有两个妹妹。他童年只读了几年私塾就在一家药房当学徒。祖父做官后子以父贵，进了城，上了学，本人也很争气，总共才读了不到三年中学就考上了国立暨南大学政经系，尤其难能可贵的是连毫无基础的英语也被攻克过关，可以听课和阅读原文教材。到底是穷苦出身，懂得生活的艰辛才倍加发奋读书以补先天不足的吧。

婚事确定后过了一年，祖父派伯父林美润去沪代表他为我的父母主婚，婚礼于1930年10月10日在上海远东大饭店举行，男方的证婚人是暨大法学院院长何炳松，教授丘汉平；女方是法科大学校长褚辅成，教务长沈钧儒，教授张云伏等。盛宴过后贵宾们被包车送往兰心大剧院事先订好的包厢观看京剧。婚礼的安排非常隆重而盛大，当然所费不赀，而这笔钱全是女方康家支付的。

1931年7月，我母亲从法科大学毕业，计划在上海开办私人律师事务所，因当时已有身孕暂缓实施。9月18日，发生了震惊中外的九·一八事变，日寇在东北向中国人举起了屠刀。恰巧在这一天，我母亲临盆，产下一个女儿，取名国英，寓意勿忘国难、勿忘雪耻。

姐姐的诞生给缺少人丁的外婆家带来了欢乐和生气，外公筹划着待我父亲次年大学毕业后在沪上为他找一份趁心的工作，作为康家的上门女婿在上海安家落户。但是好景不长，突然发生了一场重大变故——1932年6月，我父亲大学毕业前夕，突然收到家里拍来的急电，告知一个噩耗：我的伯父林美润因病不治猝然逝世，享年还不到三十岁！来电召我父亲速返武汉治丧，于是父亲匆匆辞别外公，带着母亲和姐姐西上。临行前外公数度欲言又止，把要求女婿尽快返回上海安家的话咽了回去，这位善良的老人心里清楚，这个时候要求林家兑现"入赘"的诺言对林老太爷来说是太残酷了，毕竟他现在也只剩下一个儿子了呵。原本打算要办的事——女儿开律师事务所、女婿谋职、在上海安家等等，只有从长计议了。

我父亲办完伯父的丧事后，本想返沪谋职，从此入赘康家，可是又不忍心向老年丧子的双亲开口。此时，祖父的僚属主动为我的父母亲安排了工作：父亲任十军干校少校英文教官，母亲任武昌女子职业学校教员。回沪安家的事也就被搁置下来了。

1934年我出生后，母亲辞去女子职业学校的工作，呆在家里照顾我和姐姐，不久便同父亲带了我和姐姐到外婆家疗养。外公见了一双孙儿孙女笑逐颜开，喜不自胜，叫我父亲就不要回湖北了，没有工作也不要紧："我养活得了你们"。父亲含糊其辞未正面作答。几个月后祖父频频来电催促父亲回校上课，外公见状只好以宽容的态度对待，同意我们回鄂，相约每年返沪省亲一次，并给姐姐起了一个学名叫"纪康"，表示应该永远记住康家的血脉和祖宗。

转眼到了1937年夏天，干校放暑假，父母亲准备按期如约省亲，此时相继发生了卢沟桥事变和"八·一三"淞沪抗日战事，一时间上海烽火连天，形势紧张起来。外公电告我的父母，让我们暂缓回沪，未料到这一"暂缓"竟长达十年，因为三个月后上海沦陷了，次年武汉又告失守，我们全家避难入川，直到抗战胜利后才得以重返故乡武汉和上海，而彼时已是物非人亦非了！

世事难料

1938年6月至10月，国共合作对日发起武汉保卫战，徐源泉部也奉命参加。我方终因武器装备不如人而战败，武汉于10月25日至27日失守，我祖父所在的16路军撤至沙市、宜昌待命。祖父让我父亲带着全家老小，由三名勤务兵护送，乘船逃难至四川万县，他本人则随军行动。大约过了半年，徐源泉在西安一次高级将领会议上被蒋介石扣押，据说原因是蒋介石命令徐部驻防大别山，监视共产党李先念部，徐拒不服从，说国共已经合作，应团结抗日，不该再搞摩擦。蒋介石遂以违抗军令罪当场将徐扣押并扬言要枪毙他，还是湖北籍的将领何成睿和徐的老上司蒋光鼐等人好说歹说，才将徐保释下来，但是他的十几万部队全部被蒋介石派员改编，只给了徐一个国防部上将参议虚衔让他去了重庆。这样，徐源泉作为蒋介石排除异己的牺牲品，一夜之间失去兵权，成了孤家寡人，下面的军长师长们除少数变节投靠了蒋介石的嫡系外，全部成了失业赋闲人，我的祖父就是后者。

祖父失业后来到万县与家人相聚，做的第一件事就是遣散勤务兵，三去其二，私人掏腰包发给应得饷银，并另赠盘缠让其另谋职业；有一个不愿走，名叫张金山，武昌人，抗战期间一直跟着我家，为我家服务，不计报酬与我家共渡时艰，成为我家的一分子，我对他是以张大哥相称的。

　　祖父从部队归来时我已开始晓事，现在还依稀记得当时的若干情景。

　　他身穿一袭灰布长袍，足登青面布鞋，一张方方的脸，戴一副玳瑁框架眼镜，花白短发，蓄有微髭，模样极为慈祥，但终日愁眉不展，难得一次笑容。

　　他有两个孙子，长房长孙名叫长生，大我八岁，时年十三，高小学生，因为顽皮不喜读书，不得祖父欢心。二伯父早殇，二房绝嗣。我是三房的小孙子，据后来大人们说，因为我有点小聪明，嘴巴又甜，爱往祖父住的上房跑，"爹"呀"大"的（黄冈人对祖父母的称呼）叫个不停，颇得老人家的喜爱。记得每次去上房，祖父都让我打一套猴拳给他看（所谓猴拳其实是胡乱伸伸胳膊腿而已）。还让我指着面部器官讲英语：比如指着耳朵说ear，指鼻子说nose……这时候祖父便会开怀大笑，一扫满脸的阴霾。

　　以后才知道，祖父当年心里很苦。他一夜间从天上掉到地下，又重新沦为一介平民，没有工作，没有俸薪，断绝了生活来源。他为官清廉，积蓄有限，一家老少十几口人，何以为生？我父亲母亲虽然都有大学文凭，但在那战乱年代在人生地不熟的四川要找一份工作谈何容易。作为一家之长的祖父怎不忧心如焚，寝食难安！他到万县不久，因积郁成疾，一病不起，辗转病床不到半年就与世长辞，终年仅62岁。他是怀着国恨家愁满腹忧虑离开这个世界的。

　　我的父母为祖父办完丧事后，家里从武昌带出来的钱基本告罄，跟随祖父逃难的两个姑姑家失去了依靠，只得自谋出路去了重庆。我父母亲为维持生计到处寻找工作，急得团团转，期间全靠母亲变卖嫁妆，勉强维持十口之众的家用。

也是天无绝人之路。父母正在彷徨无计之际，忽从报纸上得到一条消息：母亲大学时代的校长褚辅成先生担任了川康建设期成会主任，其会址就在咫尺之遥的杨柳湾。看了报纸，母亲惊喜欲狂，当下便去了杨柳湾。她不仅同褚老先生在上海时有师生之谊，而且同其女儿褚明馨、女婿霍明阶是同窗好友，这次在战乱中的四川相逢，真如同见到亲生父亲一般，又是悲又是喜，哭得说不出话来。褚老先生问明情由，安慰她不要着急，一切都会好起来，并答应安排她做期成会的庶务兼收发，月薪两担谷子；又介绍我父亲到从南京迁来的金陵中学任教，月薪谷子两担六斗。这样，一家人的吃饭无虞了，但日子过得还是相当艰苦。

丛林寺小学

不久，我被送进丛林寺小学读书，还不满6岁，直接就上了二年级，是春季始业的。因为当时我已认得一千多字，会背不少唐诗，算术也已学会了四则运算，还会说些英语单词，读一年级已无必要。但是我毕竟年幼，不懂学校的规则，闹出过不少笑话。例如，有时上课尿急了，不晓得要举手向老师请假就私自跑去厕所，还有时上着课听到教室外有蝈蝈的叫声顿时顽心大发，趁老师不注意溜了出去。老师把我的"不晓事"当成了故意捣蛋，就罚打手心。最有趣的是，头一次参加考试，我不知道老师发下试卷是要干啥，自作主张往试卷上画了一大一小两个娃娃，还题了一行字："大鬼打小鬼"。这次老师——我记得是班主任，姓贾——可不依不饶了，光打手心不足以惩戒，说要让我停学一年，并通知我母亲领我回家。那天晚上母亲吓唬我说，你这样淘气，丢了大人的脸，以后不让你读书了，每天上山拾柴禾吧。受到惊吓的我半夜哭喊着"我要上学！我要上学！"母亲吓得赶快把我摇醒，拍打着慰抚说："你要上学，你要上学，放心吧孩子，天亮了就送你上学。"自打那次以后，我就像换了个人似的，变得懂事起来，循规蹈矩，不再违背校规，学习成绩也很突出，被班级推选参加学校组织的作文竞赛、演讲竞赛，并屡屡获奖。上三年级的时候，学校选拔我参加了抗日爱国宣传队。我们这支由丛林寺小学生组成的宣传队，大约有十几个人，年龄最大的十八岁，最小的只有七岁。最小的那个就是我。为什么会有十八岁的小学生呢？这就是四川地处偏僻，交通闭塞，文化落后的缘故。我还记得这个大孩子的名字叫作张世汉。

抗日爱国宣传队的活动是很频繁的，有与抗战有关的重大的事件，都要进行相应的宣传活动，给我留下印象最深的一次，是为抗日将士募捐。那天，老师带领我们翻山越岭来到万县县城，在校场坝上拉开场子表演节目，有活报剧《放下你的鞭子》，歌曲《松花江上》《黄河谣》等，在节目的间隙插入了一段劝捐辞，由我向众人宣讲，讲毕捧了募捐箱绕着人圈收受捐款，颇有点江湖卖艺的味道。记得我那次宣讲，因受了文艺节目的感染并联系到自家逃难的遭遇，讲到动情处声泪俱下，引起听众强烈共鸣，场子里响起一片唏嘘声。可是往募捐箱里投钱的人却不多，不是人们不爱国，而是当时穷人太多了！

目击空战

四川虽说是抗战的后方，凭借蜀道天险将日寇阻截于外，但却挡不住日机的空袭，敌机的狂轰滥炸给陪都重庆以及下游的万县等地造成极大的破坏和伤亡。躲避空袭成了生活中的一件大事。空袭最频繁的时候，往往上一次警报刚解除，下一次警报便接踵而来；你才从防空洞里出来，未几又响起尖利的警报声。为了防空，老百姓自发地开凿了不少防空洞；好在四川多山，凿洞并不困难。

我们家租住的叶家院子正好傍山而建，屋后半山腰间便凿了一个颇大的防空洞，可以容纳上万人。怎样获知警报的呢？原来我们住的地方地势高，站在半山坡上就可以看见万县前寨门北山观悬挂的警报灯笼，升起一个灯笼就是预警，升第二个就是紧急警报，表示敌机就要临空了；降下灯笼便是警报解除。附近四邻合伙雇了一个老汉专司瞭望之责，他看见第一个灯笼升起就把锣敲得震天价响。听到锣声我们就得赶紧钻防空洞。一般讲，两级警报间的距离大约5至10分钟，跑得快的话也仅够躲进防空洞，如果近处偏巧没有防空洞而敌机已临上空那就只好就地找个可隐蔽之处藏起来，生死由命了。这种情形我就遇到过好几次。

有天中午，大人们在睡午觉，我同堂兄在离家较远的山坳里逮蛐蛐，突然听到锣声大作，不一会儿，空中响起了飞机轰鸣声，我抬头望去，只见乌鸦般黑压压一群敌机由东向西飞了过来，约莫飞临万县县城处。堂兄忙拉了我躲进两块巨石的夹缝间，吓得我大气都不敢出。敌机扔下炸弹，我亲眼见得炸弹扔下后冒起的浓烟，同时也看见地面升起的高射炮在敌机周围爆炸的火光，只可惜没有一发命中，敌机大摇大摆地往重庆方向飞走了。后来宣传队的老师说，盟军美国方面派了航空飞虎队来华参战，轰炸重庆地区的日机遭到飞虎队拦击，给日军以沉重打击。就此，我们抗宣队还四处进行过一次专题宣传。

就在我们外出专题宣传返校的那天下午，正上着课，骤然传来了报警的锣声，老师们连忙组织学生躲进学校后院的防空洞。我在强烈的好奇心驱使下，故意落后一步，等老师和同学们都藏身之后，偷偷爬上一株茶树，望能够看到一场"空战"。事情也真凑巧，想看还真被我看到了！我刚刚坐稳身子，一场十分精彩的空战就在头顶开打了：大约9至12架油挑子由东往西飞来，沉重的轰鸣声震得我耳膜发痛，我紧张地向西北重庆方向搜索着，希望出现崇敬中的飞虎队，可是晴空万里，什么也没有，眼见日寇机群就要飞离视线了，突然从日机上方云层里翩翩飞降一架架缀着星条旗的战鹰，直扑日机编队，笨重的轰炸机掉头便逃，在美机紧追不舍之下，日机原本整齐的队形一下子变得散乱了，接着便见双方飞机绞缠处闪现簇簇火光，稍顷发出炮弹爆炸声。我看见一架日机被炮火击中，燃起熊熊大火，随即拖着浓烟一头向地面栽去，几乎就在同时，另有几架日机也遭到同样的厄运。我高兴极了，竟忘乎所以地鼓起掌来，不觉身子失去重心，便从树上跌落下来，幸亏枝叶繁茂，阻挡了下坠势道，只受了点皮肉外伤。等我再举目往上瞧时，天上空荡荡的，战斗已经结束，前后不过才几十秒钟。这时解除警报的锣声响了，同学们老师们从防空洞里蜂拥而出，见我一人站在树下发呆就围了上来，班主任贾老师问明了情由严肃地对我说："你今天犯的错误非常严重，飞机来了不躲防空洞而在外面看热闹，这是好耍的吗？出了事我们怎么向家长交代？你这个娃儿太寒贱（方言调皮之意）了！你说该给你啥子处分？"我嗫嚅着说："给啥子处分都要得，只要别告诉家长。"

池塘溺水

前文提到宣传队里有位同学时年十八岁，名叫张世汉。半个多世纪过去了，为什么我还会记得他的姓名呢？就因为他曾经救过我一条命，是我的救命恩人。

有一个星期天，我们宣传队为庆祝鄂西大捷，到县城参加了全县文教界组织的活动回校，老师宣布解散各自回家。因为走山路走得热了，有几个男生就脱光了衣服跳到学校门口一处池塘里耍水。我不会游泳，但是抵挡不住清水绿波的诱惑，也赤条了身子走进池塘，摸索着扒住了平日妇女们捣洗衣服时用的青石板，模仿狗刨式用两腿打水。正玩在兴头上，双手不觉触到了石板上生了青苔的地方，身子急速向后滑去，我还没来得及大声呼救就已经沉到了水底，憋闷了不一会便大口喝水，这时神智还很清楚，痛悔不该贸然下水，从此再见不到爸妈了。出于求生的本能，我的双手一直不停地在水下搅合着，就在快要昏迷之际，突然摸到了一根柱子，于是我便双手死死地抱住了它……陡然间有一股很大的力猛一下把我拉出了水面，原来这根"柱子"是一个人的大腿，这个人就是张世汉。后来才知道，学校门口的池塘也就三四尺深，张世汉人高马大，站在水中不过淹及肚脐，而我年龄小个子矮，滑入水中便是灭顶，摸到的柱子其实就是张世汉的粗腿。张世汉无意中救了我却把他自己吓了一跳，还以为是什么小怪抓住了他的腿哩。

俗话说大难不死必有后福，我看未必尽然。

叶家院子

我们入川后租住在万县的叶家院子。叶家院子的主人是当地有名的大绅粮，人称二老板，他五短身材，光光的头，圆圆的脸，肥肥的脖子，腆着滚圆的大肚子，走起路来像一团滚动的肉球。成天捧着个银质小烟袋，笑呵呵的像个弥勒佛。其人面善，心却不善。别的不说，就我亲眼所见，他家的佃户和雇工常年食不果腹衣不蔽体，干的却都是重活。另一点也说明他的伪善——借国难之机索取逃难户的高额房租，我家就是当事者之一。据母亲回忆，我祖父死后，二老板将房租由一个月二十银元涨到三十元，而且一次预付一年，也就是三百元。对我们并不殷实的外来户来说，这可不是一个小数字。何况祖父初丧，基本上已花光了积蓄。经过一番讨价还价，二老板就是不肯松口，说什么他的生活也难，如果嫌贵就请另搬别处。万般无奈之下，母亲只好又卖掉一批为数不多的首饰，勉强交够了房租，一家老小才能够得以栖身。

叶家大院占地极广，坐北朝南，依山而建，前后分两层，两个院落由十余级石阶分隔开，四周由高大的围墙围住，从大门进去是第一层，一个大院子，宽阔的天井两旁东边是一排简陋而粗糙的前廊后厦，用竹子、茅草、石头、木头筑成，住了几户叶家的佃户和长工；沿西边的围墙搭建了马厩、牛棚、羊栏、鸡舍。乍进叶家大院，还以为是进了车马店，其实主家住房在第二层，沿石阶拾级而上，到顶部又有两扇黑漆铜环大门，进门是一个堂屋，两旁有若干厢房，经过堂屋又是一个大天井，穿过天井登上几级石阶便是一个大客厅，客厅两边是正房，天井两边则是厢房，正房比厢房略高，所以正房也称上房。我家租住了东边的上房和厢房，前边的厢房分别租给了三户人家，一家姓张，一家姓袁，一家姓唐。这三家也都是从武汉逃难来的，在异乡遇到老乡自然很亲热，尤其是我们小孩子，管大人都叫叔叔伯伯伯母阿姨，是平辈就称哥哥姐姐，关系显得很近。我记得那袁姓和张姓的人家有几个与我年龄相差无几的孩子名叫袁厚民、袁厚芬、袁厚钧、张天谷，1949年后我曾到武汉探访过他们，可惜均未晤面。只有唐家我有缘得与两位长辈见了一面，那是在1956年武汉的汉怡星，其时我是北京俄语学院的学生，唐伯父（名午园）任武汉市副市长，伯母（李冬青）任武汉市妇联主席，两位老人仍把我作幼年时一样看待，拉着手，摩着头，问长问短，使我觉得十分亲切和温暖，可是我仍然感到深深的遗憾，就是唐家的姐姐一个都没见着，尤其她们中间的三姐四姐曾经是我儿时崇拜的偶像呵！

唐午园家住在叶家院子前面的厢房，占了四大间，东首住着唐午园的母亲和一个老处女的妹妹，我管她们叫奶奶和二孃孃，她们都很喜欢我，时常叫我去玩，偶而还有糖果吃，于是我便觉得唐奶奶那里是很甜蜜了。抗战期间，糖果金贵得成了奢侈品，一般人家是很难吃到的。逃难前这些东西，我们家当然不缺，可入川后日子过得一天比一天艰难，父母教书所得的微薄薪水，除去十几口人吃饭，几乎没有剩余，哪里还有闲钱给孩子们吃零食。记得我可怜的才两岁的四妹，有一次竟然把地上的羊屎当成糖豆捡起来吃，见到此种情景连羊工都流下了同情的眼泪。

唐奶奶已是耄耋老人了，却非常喜爱读言情小说，她的床头、茶几摆了多部装帧精美的小说，我记得有《红楼梦》《金瓶梅》《再生缘》《西厢记》《啼笑因缘》《金粉世家》等等。但是她的眼睛不行了，视力极差，看书要借助老花镜和放大镜，因而看得很慢，很吃力。自从我进入了她的生活后，当她得知我这个六七岁的孩子居然识得一二千字时，便把我当作了她的眼睛，让我念小说给她听，如果什么地方被生字难住了，她或二嬢嬢就给我指点（其实小说中男女间的情事我一点也不懂得，只是觉得有些缠绵悱恻的描写和充满悬念的情节十分有趣，而唐奶奶和二嬢嬢却听得如痴如醉，不时发出慨叹或欢笑）。就这样，她得到了快乐，我得到了长进，不仅多识了字，而且心智和情商好像也得到了启发。那时的小学生作业很少，负担很轻，下午三点来钟放学回家就没什么事了，所以几乎每天我都去她那儿读小说或闲耍，如果我几天没去，她就会差下人来叫我。我还隔三差五地去西首唐伯伯唐伯母住处玩，同唐家的哥姐们下象棋、跳棋。

唐伯父家有五个孩子，按"万"字辈取名，分别是大哥万延、大姐万宇、二姐万诤、三姐万里、四姐万仪。大哥大姐在重庆上大学，只有寒暑假回来，我们见面不多。三姐、四姐上中学，在学校寄宿，周末回家，我们差不多每周都见面，如果某周末她们没回家，我就会怅怅地守望在堂屋门外，有一种说不出的滋味在心头。一个六七岁的幼童，怎会产生这样奇特的情愫呢？

我同唐家兄妹相识应该在刚到叶家院子之初，那时我才四岁多，不大记事，真正对他们有清晰的印象是在给唐奶奶当伴读后了。特别难忘的是有天傍晚，初秋时节，天气爽朗，夕阳在西天染红一片晚霞，大门外的竹林里传出阵阵蝉鸣。我坐在门口石板上翻着一本小人书，正看得出神，眼睛被人从后面用手遮住，一缕淡淡的幽香沁入我的心脾，好闻极了，舒服极了。我原本是要掰开蒙住眼睛的双手的，但这缕温馨混合着甜蜜的异香令我陶然心醉了，我不但放下了已经举起的手，反倒就势将头向后仰去，紧紧地靠在了身后那人软绵绵的胸脯上，那人轻轻推了我一下，松开了手，咯咯地笑了起来，我回首一看，原来是唐家三姐唐万里。今天我们隔得这么近，我才仔细地打量起她来，喔，好美呀，眉清目秀，清纯俏丽，出尘脱俗哟！她在我身边坐下来，问我在看什么书，书上的字是不是都认识，我自负地回答说这算什么，一点也不难，《红楼梦》上的字也不大难得到我，不信问奶奶去。三姐咯咯又笑了，很亲切地搂着我的头说，小弟弟，不要冲壳子哦。我假装生气的样子，嘟着嘴说：你朗个不相信我嘛。那次的亲密接触给我留下了永世难忘的记忆。所以时隔十几年后我专程造访唐宅未遇到她和其他几位姐姐，那种惆怅之情岂是几句话所能表述的！

无忧童年

上小学的头两年是我童年最快乐的时期，课程负担不重，放学后可以尽情地玩耍，陪着我玩的，家里有张大哥，他教我踢毽子、打弹珠、结绳网变简单的戏法；还有堂兄林长生，秋天他带我捉蛐蛐，院子里外，山前山后，蛐蛐极多，品种好的，战斗力强的多半藏在山上石缝里或大石板下，什么红头将军、黑头元帅，名目多极了。捉蛐蛐和斗蛐蛐是一项十分引人入胜的娱乐。

先说捉蛐蛐。蛐蛐学名蟋蟀，喜生活在阴凉潮湿的地方，分三尾和二尾，二尾为雄性，性猛好斗。捉蛐蛐主要是捉二尾，通常的步骤是，先准备好捕捉的工具：竹罩子、竹筒子，或用结实的纸折成筒子，小瓶子和铁丝等。到达预定的区域后开始侦查，首先要屏息静气地谛听蛐蛐的叫声，循着叫声确定虫子的藏身之所，蛐蛐的鸣叫是有规律的，一般是早晚引亢高叫，中午低吟浅唱，酷似弹琴。倘若身旁四处都有叫声，捕捉哪只好呢？蛐蛐的好坏大体上可以从叫声上判断出来，上等蛐蛐叫声浑厚而宏亮，宏亮而不厚实的次之，听起来音质沙哑或尖噪刺耳的就是下品了。确定了捕捉对象就实施抓捕，不管是掀开石头还是掏洞，都必须眼尖手快，或用网罩或用手抓，动作必须迅速、准确，蛐蛐跳动的频率很高，稍不留神就会蹦得无踪无影。大多数情况下蛐蛐都是成双成对地同居一穴，所以常常在你惊动它的一瞬间三尾和二尾同时跳出，你必须在极短的时间内作出甄别判断，弄得不好就错将三尾当二尾，抓到的不是正主儿空欢喜一场。有趣而又富于刺激的是，蛐蛐洞穴里常常会有蝎子、蜈蚣、蛇、癞蛤蟆等毒虫，这种现象被捉蛐蛐的人目之为"什么什么守门"，认为这样的蛐蛐都是上品。抓这样的蛐蛐还要同"门卫"进行一番战斗，还真令人惊悸哩。捉到蛐蛐后，轻轻把它放进一根内径约一寸的竹筒，竹筒劈开细细一道隙缝，供蛐蛐呼吸和便于观察。蛐蛐进入后，用纸团塞住，不使逃逸。一根尺把长的竹筒大约可装四五只蛐蛐。如果用纸筒装蛐蛐则将纸筒两端拧住，这种办法用得不多，因为四川山里多的是竹子。

再说斗蛐蛐。捉回来的蛐蛐是分罐饲养的，要斗的时候，将两只蛐蛐先后放进一个斗罐，好蛐蛐不用人去逗引，会主动寻咬对手，两只蛐蛐快碰头时，各张开尖厉的牙齿向对手发起进攻，双方很快便碰到一起牙对牙地撕咬起来，这时蛐蛐的大腿用力向后伸蹬，全力向对方冲击，力强的节节推进，力弱的步步向后败退，不到实在不支时绝不放弃格斗，还会竭力支撑。弱方终于不行了就会出现两种结果，一种是撤出战斗掉头逃跑，于是强方在后面追杀，边追边高声鸣叫，宣告胜利；

一种是已经撤不下来被强方就地咬死咬伤，场面极其惨烈。这时胜方也会高奏凯歌，不断抖动着长长的触须，有点像京剧舞台上武生摆弄花翎的味道。

在外面的玩伴，前文已说过，主要是唐家姐妹，此外偶尔也和袁家的两个姐姐（一名厚莲，一名厚芬）一块跳跳绳，下下跳棋。我喜欢同女孩儿厮混，觉得她们温柔好相处，男孩子一般都比较肮脏粗野，而且我对男娃娃们喜爱的打弹弓、打弹珠这些活动没有兴趣。

父亲督学

这样快乐逍遥的日子过不多久就被父亲封扼了，他说我已经七八岁了，不能下了学就无所事事，说"业精于勤而荒于嬉"，从小就应养成勤学的习惯，他要我在课余时间补充学些新东西。由他督课，每天下午三四点钟，在他的书房完成"三个一"——写一篇大字，由临摹柳公权的"唐故左街"开始；学一首唐诗，学的第一首是"床前明月光，疑是地上霜"。学一段古文，文章主要选自《论语》和《古文观止》。头一天他亲自讲授诗文、布置任务，次日检查验收：我要按时交一页大字，背诵头天学过的诗文并能逐字逐句释义。通过了验收，可获得一句"不错"的夸奖，如果完不成任务，就会受到惩罚：轻则训斥，重则罚站罚跪或吃一顿"爆栗子"（又名"挖栗壳"）。也许因为父亲那时生活压力太大，心情不好，也许出于对儿子"爱之深责之切"的考虑，他对我的要求几乎到了严苛的程度，在我记忆里从来没见过他对我温言笑语过，不是疾颜厉色就是大声训斥，使我对他产生了恐惧感，见了他就垂手而立，大气都不敢出，如同老鼠见了猫。其实天下事往往是"欲速则不达"，父亲对我期望过急过严反倒引起了我的对立情绪，对本来是有趣的古典诗歌散文也产生反感，觉得它枯燥无味，读它背它只是为了完成任务，而不去深入体味它的内涵，这样，学习的效果也就可想而知了。

父亲亲自督导我的功课以后，我就很难得有时间去唐家玩了，如果他有时在外边有应酬，那我便像遇赦了似的，赶快溜到唐家去给奶奶念小说，吃糖果，找姐姐们下棋、摆龙门阵。也有判断失误的时候，父亲突然提前回家，命张大哥传我去背书，我只得心惊胆战地硬着头皮去吃栗灶，那惊惧的情景真是可怜极了！

四川省立万县中学

光阴似箭，日月如梭。这本是我上小学写作文时常用的不知从哪里抄来的一句话，它曾不止一次哄得我的老师们用红笔圈圈点点，评为佳句。现在用在这里倒蛮贴切的。不知不觉间，我小学毕业了，该考中学了。当时面临着两种选择：是读师范还是读普中。读师范是公费，不需要花钱，还比较容易考上；而普中基本上都是要交学杂费的，只有极少数公立学校才吃公费，而这样的学校很难考，录取的比率很小。我的堂兄堂姐就是因为家里没钱、又考不取公立学校，才都上了师范学校的。

记得有天晚上，父亲在考问过功课后，很严肃地对我说，你已经是满了十周岁的人了，马上就要小学毕业升中学了，家里自然是希望你读普中，将来考大学，可是家境不好，如果考不上公立学校就供你不起，只有去读师范。所以你要抓紧复习功课，不能贪玩，努力考上公费学校。我平时在父亲面前连话都说不清，当时不知从哪里来的勇气，竟然以斩金截铁的口气回道："你家（武汉方言：您）放心，我保证能考得取！"父亲眼里掠过一丝惊喜，却板着脸说道："轻浮！小孩子家莫夸口，公费是那样好吃的么？好好准备吧！"

几天后，我在张大哥护送下，走山路到离家约莫十华里的溏坊，走进了四川省立万县中学招生考场，上午考国文，下午考算术和公民。不知是因为要兑现对父亲夸下的海口还是由于好胜心勃发，这天的考试我特别认真，题目看了又看，答完后检查了又检查，直到确认百无疏漏了才交卷，和五年前在试卷上"鬼打架"真是不可同日而语了。

发榜那天我起了个大早，用冷水洗了把脸，早饭都顾不得吃就催着张大哥同我一起去溏坊。经过省立万县师范所在的那道山梁时，我因饥饿而眼冒金星，几乎摔倒。张大哥见状连忙扶了我坐下，变戏法似的从袖筒里抠出一个用竹叶包了的饭团子，喂我吃下，往后的一段路就一直驮着我走，凭我怎么说也不放下来，硬是到看得见省万中了才歇下。省万中建在溏坊的一个小山坳里，校舍有几栋二层楼房和一座大厅兼食堂组成，可能是新建不久，还没有垒起一道围墙，来人四面八方都可以自由出入。录取新生的红榜就张贴在大操场边的一块高大的告示牌上。我们走近的时候那里已经聚集了不少人，有学生也有家长，大家正仰头观看着。

录取名单分初中和高中两个部分，初中在前、高中在后，按考分高低顺序排列姓名。此次招生高初中各两个班，共160名，密匝匝地写满了几张红纸。还是小孩子眼尖，我一抬头就看见了自己的姓名，排第二位，高兴得一跃而起，趴上了张大哥的脊背，一手箍住他颈子，一手指着自己的名字欢叫道："快看，那不是我的名字。第二名哩！"张大哥顺势驮了我转身就走，高兴地说道："庆生好能干！小小年纪考了第二名，这在以往就是榜眼啰。快快回去报喜！"说着一阵风般往回跑，十来里山路不到一个钟头就到了家。回到家里，自是有一番庆贺和热闹，连一向不对我假以词色的父亲也破天荒地笑着夸了我一句："不错不错，你祖父要活着也会高兴。"

入学报到的那天春寒料峭，虽然是个晴天，可是山风凛冽，寒气袭人，我在内衣裤外只穿了一身夹衣夹裤，外罩一袭用父亲长衫改制的灰布长袍，直冷得瑟瑟发抖，一路上催着替我扛了行李的张大哥快走，翻过了一道山岭身子才暖了过来。省万中的学生是住校的，听说要求穿统一的童子军制服，接受童子军训练，铺床叠被也有统一的规格和严格的要求。看看我这一身非老非少不男不女的打扮和薄薄的被褥，能适应学校的生活吗？更令我犯愁的是由于家境不好，营养不良，身体虚弱，我一直有尿床的毛病，住校后不是会丢人现丑吗？

童子军训

开学第一天过得很紧凑，上午到教务处报到注册，然后凭一张盖了章的小卡片，到庶务处领统一的童子军服——一套草绿色的裤褂，和一顶船行帽，我领的是最小号，依然大了许多，上衣长过膝头，裤子垂地两寸，帽子也几乎罩没了耳朵，穿戴起来显得不伦不类，滑稽可笑。班主任笑道，这也是没法子的事，因为你年龄太小，个子又矮小，初中生没有跟你一样的呢。先凑合着穿一个星期，周末回家叫你妈改一改吧。领了衣服便由班主任带着去认宿舍，放行李，然后吃午饭。吃饭被带到大礼堂兼饭厅里，每人都被编好了位子，八个人一桌，绕桌而立，没有凳子。吃饭还有一套严格的仪式、程序和要求：到了规定的时间，台上有一名披着绶带配着红袖章的值星同学开始司仪：首先高呼"立正！肃静！"此时台下几百名学生都安安静静地站在各人的位置上，眼睛直勾勾地盯着桌上的菜肴——盛在一只面盆大小的瓦钵里；下一个指令是：添饭！于是几百人便一阵忙乱，抢也似地直奔摆放在大厅中间走道上的一排盛满米饭的篾制箩筐边，快速将自己的饭碗盛满、压瓷，多多益善，放回桌上后立定待命，这个过程大约只有二三分钟。值星官高叫一声："吃饭！"于是这些吃公费的莘莘学子们迫不及待地捧起碗筷，狼吞虎咽，风卷残云般扫荡着碗中的糙米干饭和钵中的水煮白菜。不大一会儿台上值星官又是一声哨响，宣布午饭结束，按规定这时必须放下筷子，不得再吃。这头顿公费饭我只吃了个半饱，不大的一碗饭都没来得及吃完，更不用说添第二碗了。后来才知道，学校对学生全方位实行军事化管理，作息时间都有明确规定和严格要求，吃饭规定每餐限时十分钟，只有一个菜，无非白菜萝卜之类，一律水煮盐拌，看不见几点油星，糙米干饭则管饱吃，但受时间限制，吃得慢的便吃不饱了。我年龄小，喉咙细，吞咽慢，开始总是连一碗饭也没吃完，经过磨炼慢慢可以勉强吃饱了，可顾了扒饭又顾不上夹菜，还没伸几次筷子就钵底朝天了。啊，原来公费并不是那么好吃的！

　　如果把学会抢饭吃当作上中学难过的第一关，那么适应严格的童子军训练就是更难过的第二关了。

　　我们的童子军教官是一位国民革命军的现役尉官，一身戎装，皮靴锃亮，样子很神气，说话调门很高。我们都很怕他，因为他脾气暴躁，动不动就体罚人，罚站、罚跑步、用军棍敲手足等是家常便饭。

头一个早操就迟到了，因为没听见起床号，室友叫醒我时寝室已经走空了，我急匆匆穿上那套很不合体的童子军服装便向操场跑去，赶到本班队伍前时队列已经排好，我原想打个马虎混进队列，却被教官看见，只听得一声断喝：站住！我吓得一哆嗦，忙垂手站在原地。原以为他会严厉训斥我一顿，哪知他走到我身后抬腿便朝我的膝弯踢去，我一下子就朝前扑倒在地，跌得鼻青眼肿，差点闭过气去。尝到这次下马威，我以后再也没有迟到过，在训练场上也是小心谨慎，生怕出错受罚。

一段日子之后，我总算过了吃饭关和军训关。实事求是地讲，如果不论过程，单看结果，我从省万中的这两件事中是受到了很大教益的，这就是树立了较强的时间观念，懂得了省时和准时的重要，并且影响了我的一生。

华佗再世

记忆就像一具筛子，将微不足道的东西从筛孔中漏掉，留存在上面的几乎都是难以忘怀的大事、趣事。

曾经困扰了我几年的尿遗病，也在万中得以治愈。帮我治病的不是校医，而是睡在我下铺的室友，名叫施福。他大我四五岁，农家出身，生得一副憨厚像，蛮有人缘。我刚入学就同他编在一个班、一个寝室，在教室坐连桌，在寝室睡一张床，我睡上铺。头几个晚上我睡觉特别警醒。按以往的经验，尿床前一般都要做一个梦。梦里被尿憋得急着到处找厕所，好不容易找到了忙掏小鸡鸡往尿池放水，这一放就闯祸了，醒来准是尿到了床上！在家尿床就不打紧，因为身下垫有一块油布，上面铺一块尿布，尿湿了母亲会及时为我更换。现在住到学校，不便再铺油布，为防尿床就得另想办法，于是我给自己约定：为遇尿紧寻厕所八成是在做梦，千万不要急于放水。应先使劲掐掐大腿看看疼是不疼，不疼就是在梦里，千万别撒出来！这一招果然奏效，有几个夜晚都出现了这种梦幻，被自己掐醒后正常如厕，连续一周没有尿床。可时间一长，绷紧了的神经松弛下来，终于有一天早晨起床发现身下湿漉漉一片，连忙把湿裤子换掉，穿好衣服，把被子拉上，赶着去出操。回房整理内务时，睡下铺的施福发现他的被子湿了一块，抬头一望，发现我的褥子下有水渍，好奇地问：林庆生，你的被褥朗阁湿了哇？我不好意思地轻声说，昨晚尿床了。他并没笑话我，反倒帮我把湿褥子抱出去晒。后来他拉我到无人的地方，问我是不是有病？我点点头，他说他会想法替我治病，小鸡鸡也真不争气，此后连着几天拉在不该拉的地方，被褥湿了干、干了湿，晒在外面的次数不免引起同学注意，有个好事者打听到这是我的作品，便给我起了一个绰号——"地图先生"。虽然只是在小范围内传叫，也臊得我无地自容，十分恼火却也无可奈何！

有个星期日中午，回家度周末返校，在操场上碰到施福，他说他也是才从屋头（川语：家里）来正在等我，让我跟他走，神秘兮兮的。我们从礼堂后面拣小路走进一块林中空地。施福叫我稍候，他踅进树林，从一颗大树的桠上取下一条已经剥去了皮毛的动物的腿来，拿到我跟前说道：你看这是什么？我摇摇头说，不知道，他说这是一条狗腿，我们这里的人都说吃狗肉喝狗肉汤，可以治尿床。刚巧，我老爹今天上午猎了一条野狗，我讨来一只腿给你吃。他的好心和真诚感动得我不知道说什么好，只是一个劲地说"那朗格要得，那朗格要得。"施福说，今天我们要做一回贼，去厨房偷拿一个砂锅。用完了给他们送回去。我疑惑地说："这样行吗，抓住了朗格办？"他说，现在大师傅还在睡中觉，房里没得人，抓个啥子！说着推了我便走。

伙房是从礼堂后边搭出来的几间简陋房屋，用竹篱围着，加了把大铜锁。到了竹篱下施福叫我在外面望风，发现人来就大声咳嗽，他用几条竹片在铜锁孔里捣鼓了几下，锁就开了，我还没回过神，他就掂了个瓷钵和一把菜刀出来，交到我手说，"你先走，我锁门。"我扭头往来路飞跑，心头咚咚乱跳！两个小贼一前一后跑回林间空地，施福用几块石头垒起一个灶，拍拍手笑道：可以煮狗肉了。我大惑不解地四处张望，心说：水和火呢？施福像是看透了我的心思，叫我跟他拾柴和干草，边指挥我干活边解释说：我们山沟沟里到处都有溪水，火嘛，我有火石。他让我捧了钵子跟他钻进林子，曲曲弯弯走了不到一百步，果然眼前现出一道小溪，宽不过三百尺，深仅及踝，澄澈的溪水潺潺从鹅卵石上流过。施福用刀把狗腿剁成块块，用溪水洗净，将砂锅盛了水，把狗肉放进去，亲自捧了回到灶旁，将砂锅架好后，从怀里掏出两片石头，对我眨眨眼说：这叫作火石，你们下江人没见过吧？山里人都用这个取火，哪个有冤枉钱买洋火嘛。说着他又从上衣口袋里摸出一小团棉絮放在地上，然后伏下身子在棉絮旁敲击火石，绽出的火星越来越盛，终于将棉絮引燃，冒起一缕青烟。此时施福叫我快抓一把干草覆盖其上，随着一股浓烟窜起了火苗，火的问题就这样轻而易举解决了，我真的好佩服施福哟，同他相比，我的生活能力不知差到哪里去了。

那天下午，我们一边炖狗肉一边摆龙门阵（川话：聊天）。施福说他很羡慕我，问我格朗学习成绩这样好，总在班里考头三名，我说也没什么，就是读啥子就能记住，但是强记一阵子也就忘了。他拍着自己的头说，我这个死脑壳就是硬，功课硬是钻不进去，又问我学英文有啥子窍门，我说没得，他说有同学曾向他传授提高学习兴趣的方法，就是把学过的单词编个顺口溜串起来。我说你说一个听听。他偏着头想了想，说道，比方说吧：头是黑的，鼻是篓子，口像茅池，脸长痱子。我笑道，好粗好粗，啥子屁话！他说也有文雅的，如：来叫come去叫go，二十四个铜板twenty　four。我摇摇头不作声，他又说还有打谜语的，你听好了：文言儿土妞妞氏安得这心，飘湿芯点点氏一盖安得这心，安得土飘飘氏反一飘。我听得云里雾里，莫名其妙，他叫我猜这是两个什么字？我说猜不出。他笑说这是"恋爱"嘛。我心里把他念得默了一遍，会意地叫道：这是啥子英文哟，简直是涮坛子（川语：开玩笑）！施福正色道，这是乡屋头人的英语！我们山里人学英文有啥子用场嘛。我没吱声，这个问题远不是十一二岁的孩子所能够回答的。

砂锅里飘出阵阵肉香，引得我馋涎欲滴，我提醒施福说，天不早了，是不是快点吃喝了，赶在大师傅烧火前把锅和刀还回去。他一梗脖子说，还个啥子嘛，留着再用几回，伙房又不缺。又说，肉已经熟了，忘了放佐料，就从口袋里摸出一个纸包，打开来是一撮盐巴和几只红红的尖辣椒，我又是一阵感动，佩服他考虑如此周到。佐料倒进去又过了一会儿，施福说，现在可以吃了。我再次犯难了，哪有碗筷呀。施福叫我去劈几根细竹枝来，他又亲自伐了一根小碗口粗的竹子，很快就制作成两副筷子、两只杯子和一个舀子，用溪水洗净了对我说：动手吧，吃肉喝汤随便。说着他用舀子舀了汤在嘴边尝了尝，说声要得，不咸也不辣。我也舀了汤倒在杯子里，嘬了一小口，一股浓烈的辣味直冲脑门，忍不住咳嗽起来。施福笑问：朗格搞的，是不是辣？我点点头。他从锅里捞出一只尖辣椒喂进我嘴里说，你使劲嚼碎咽下去，再吃喝就不觉得辣了。我将信将疑地照着做了，果然不觉肉和汤有多少辣味了。施福说，这叫以毒攻毒，尖辣子把你的喉咙和舌头都弄麻了嘛。我是头一次吃狗肉，加之近八年难得吃一次荤腥，竟觉得其味鲜美无比。我们俩风卷残云般，很快就把半砂锅肉和汤一扫而光，两人都撑得直打饱嗝。施福说，我们运动一下，帮助消化吧。他就和我一起打扫战场：撤掉炉灶，搬开柴草。找了块更隐蔽的地方藏好了砂锅和菜刀，然后说说笑笑地原路返回了学校。

整整一个星期我都忐忑不安，生怕"借物"事发。直到周末没见有什么动静才放下心来。此后每隔二三周，施福都会"宴请"我吃一次狗肉，时间、地点、炮制方法仍旧。学期结束前的一天，施福告诉我，他已经把借的东西还回去了，以后也不再请我吃狗肉了。我见他神色沮丧，问他出了什么事，他说，下学期他不来读书了，他爸爸要他帮家里干活，他下有四个小弟妹，只靠爸妈租种点田地养不活。听他这么说，我伤心地流泪了。

施福说的偏方治病果然得到了验证，我的尿床病就在吃了几次狗肉之后痊愈了，从此去掉了这一块长期使我难堪和尴尬的心病。施福成了我心目中的华佗和扁鹊，终身难忘！

小溪溺水

在省万中读了三个学期，最大收获是学会了游泳，而这却颇费了一番周折，还险些搭上了性命。

学校附近有一条小溪，宽仅丈许，水不深，且流速缓慢，溪两岸沙滩上到处缀着大大小小的石头。夏天发山洪，湍急的流水从山上下来把小溪扩展成一道小河，深的地方可以淹没一个人。万中的学生常常在下午自由活动时间溜到这里游泳，虽然这是学校三令五申、明文禁止的，但淘气的孩子们还是偷偷地去，校方管也管不过来。

我们班的同学差不多都去玩过，我因有过丛林寺小学溺水的教训，一直不敢去。有天下午天气实在太热，班上同学又都偷着去玩水了，我终于抵不住诱惑也随后溜了去。来到河边，火爆的场面深深吸引了我：河里有游水的、洗澡的、打水仗的，岸边沙滩上有躺着的、坐着的，个个都赤裸着身子，无拘无束的，好安逸的样子。嬉戏声，笑语声响成一片。我也依样脱光了衣裤，找了处平坦的地方躺了下来。只听身旁两个同学正在说笑，讲的是歪学英语。一个说来是'康姆'，去是'狗'，二十四个铜板全对否。一个说不行不行，这不好记。你看我用英文写家书：Father mother敬禀告：男在校中读book，门门功课都good，只有English不及格。我听到这里，忍不住哈哈大笑。这时两个高中生模样的大男孩从我身边走过，其中一个指着我问：你娃儿笑啥子？我白他一眼说，你管不着。他瞪我一眼，问：你娃儿朗格不下水？我道：你管不着。他好像不高兴了，问：你会不会浮水嘛？我随口答：当然会嘛。没想到他竟然与另一个同学把我抬了起来，不容分说就往水里扔，扑通一声落入河中，我刚张口喊救命，却呛了一大口水同时沉入了水底，我恐惧极了，心想这下完了！好后悔哟，都是说大话害的！眨眼工夫我便丧失了意识……不知过了多久，我悠悠忽忽醒转过来，看见四周站满了人，他们正用惊惧的目光瞧着我，齐声欢叫道：醒了，醒了，不要紧了！我这才发现自己像只大鼋趴在一块光滑的石头上，地上有一滩从我肚中控出的水。那两个扔我下水的同学这时开心地笑了，其中一个拍拍我的屁股说：龟儿子你差点害死老子了，不会游水就别冲壳子嘛。另一个说：格老子觉得不对头，朗格到水里头尽冒泡泡不见人上来，幸亏捞得早，再过会儿就来不及了！他们的话真使我哭笑不得，心里发狠道：未必还要老子感谢你们不成！

经历了这次风险，我对水的恐惧感减轻了许多，此后多次随同学一起到这条小河耍水。起先还要央人拖着游，慢慢地便可以放手独自游，一个夏天下来，我学会了游泳，基本学会了踩水、潜泳等高难度的技术。至于泳姿嘛，那就谈不上规范二字了。

还乡·江中遇险

苦难深重的中国人民，经历了八年抗日战争血与火的洗礼，终于在1945年8月赢得了最后的胜利。

从下江逃难入川的人们急于返回故乡了。有钱人家头等的包机包船，二等的买舱买位，我们这样的破落户，只有眼巴巴地看着别人陆续离去，自己动弹不得。直到1946年6月份，我们收到了上海外公寄来的一笔汇款，才有了返乡的盘缠。父亲首先将厝放于一座小庙的祖父灵柩起出，雇了一条白木船由张金山护送出川，然后携大队人马，乘民本轮，经三峡顺流而下，已经懂事的我，着实领略了一番"两岸猿声啼不住，轻舟已过万重山"的风光。

船到宜昌时，已近黄昏，停靠在码头卸人卸货，我见江中有人游水，心痒难忍，瞅无人注意之隙，脱下汗衫搭在船舷上，纵身跃入江中，入水后才发现水的流速相当快，一会儿就被冲出船尾老远，想逆水游上轮船已不可能，想游回岸边也力不从心，眼看着离轮船越来越远，这才开始心慌起来，后悔不该如此孟浪。正在没主意处，一艘木帆船从我身边往上游驶过，我大喜过望，连忙双手抱住了船舵，只觉浑身一轻，松快极了。木船带着我飞快地接近了民本轮，眼看就要交会时船上的艄公发现了我竟狠狠地用竹篙戳我的手，我连忙一个猛子扎进水里扳住一侧的船板，躲过了艄公的视线，说时迟那时快，就在木船越过轮船丈许光景时，我蹬离了木船向轮船扑去，巧的是此时轮船上有两名水手看见了我并及时抛出一根缆绳让我抓住，把我吊了上来。我忙不迭地向他俩道谢，并解释说我就是本船的乘客，很对不起给他们惹麻烦了。他俩上下打量我一番，一个道："倒看不出你还有这么大的胆量"；一个道："人小鬼大，去把大人叫来！看以后还敢不敢胡来！"我又是鞠躬又是敬礼，求他俩千万不要声张，否则让父亲知道了该有吃不完的栗爆哦。

轮船又走了一整天，于翌日下午才驶抵武昌鲇鱼套。到码头迎接我们的是张金山和替我们照看房子的舅爷爷。我们上岸后雇了几辆马车，直驶戈甲营太平试馆19号寓所。在得得的马蹄声中，我一直扒在窗边，睁大了好奇的眼睛，观看着外面的街景。对于在山里长大的我来说，武昌显得繁华而精彩，陌生而亲切。我是这里出生的，今天又回来了。

上海省亲

回到武昌没住多久，母亲便携我们兄弟姊妹六个去上海外婆家省亲。我离开外公外婆时才一岁，现在来到他们身边的已是一个十二岁的少年，哪里还会有旧时的影子？康家子嗣不旺，可康家的姑娘却诞育下一群外孙，喜得外公外婆报了这个又摸那个，放下那个又揽这个，泪眼笑脸，看个不够。尤其对我这个长孙更是宠爱无比，真个是抱在手上怕摔了，含在嘴里怕化了。外公怕我寂寞，特意找了几个与我同龄的孩子陪我。他们都是有钱人家的纨绔子弟，小小的年龄就沾染不少恶习，通过同我玩耍又传给了我，一个暑假过后，我学会了喝酒和赌博。尤其津津乐道于四大赌术：掷色子、推牌九、搓麻将、玩沙蟹。喝酒是每餐必饮，而且只喝白酒非半斤八两不过瘾。有一次吃大闸蟹，桌上已准备了黄酒，我便不动筷子，外公忙问"哪恁一回事体？"舅舅不高兴地说："伊要吃老白酒！"外公忙叫仆人去拿，舅舅从鼻子里哼了一句："白酒吃光了，下一顿再去买吧。"外公见我努着嘴不说话，便吩咐仆人快到街上去买，讲明不是茅台就是陈年花雕。我这才回嗔为喜，放肆道：我听家里人讲，当年我祖父喝的茅台是地道的茅台村那眼泉水酿的，驻防茅台村的驻军团长曹志刚派专人送的陈年老窖呢。舅父嫉妒道："侬晓得个啥，吹牛×！"母亲忙阻止道："小囡勿要瞎讲。"外公不以为忤，反倒拦住舅舅不让他讲我的不是。因为外公对我的溺爱，我肆无忌惮地沉迷于赌术，很快对四大赌法无一不晓。搓麻将会准确地摸牌，会熟练地做大牌，什么三元四喜，孔雀东南飞；掷骰子论天地豹子，幺二三、四五六；推牌九讲天地人和，长衫板凳，至尊宝；玩沙蟹比 full house、顺子、同花。至于国文英文数学理化，一古脑儿旁边去！

正当我玩得昏天黑地之时，父亲来沪接我们回鄂了。晚上吃过了接风酒，父亲把我唤到他和母亲的卧室，关上门，喝令我："跪下！"我吓得打了个冷战，赶快跪倒，心里直发毛。父亲喝问："听说你在上海这个把月功夫，荒废了功课还迷上了赌博，是不是？"我不知道该怎样回答好，父亲讲的都是实情，但这是谁告的密呢？弟妹们小，不可能；母亲是护我的，也不像。对了，一定是舅舅，他一直对我嫉妒得要死。"怎么不说话？你整天都干了些什么？背书了吗？读英文了吗？演数学题了吗？说！"我低声说："没有，没人给我布置功课。"父亲又是一声断喝："住口！温习功课要人布置，掷骰摸牌为什么不要人布置？别忘了我们林家可是书香人家，容不得你当二世祖！"我听得莫名其妙，二世祖是什么东西呀？这时，父亲叫我站起来，说："因为在外婆家，暂且寄一顿打，回去如不改正，绝不轻饶！"

秋季学校开学前我们回到了武汉。我这次的上海之行，目睹了上海南京路淮海路和四马路的奢靡繁华，还不自觉地沾染了一些坏习气，如果不是父亲及时将我这行将脱缰的马儿拢回，还不知会变成什么样儿呢。

但是成绩还是有的，在这短短的两个多月里我学会了讲上海话。多会一种方言等于多了一种工具，总是一件好事。我在四川长大，能操纯正的四川话，回到武汉被街坊称为川耗子，学会了上海话又被叫作小浦东。由于在市区拉斐德路住的时间不长，多半是在浦东的康家花园，接触的人多讲浦东话，所以我的上海话也带着浓重的浦东口音，若干年后同上海人一起讲闲话，还有人对我戏谑说："侬阿是浦东人？今朝风毒来伐？"

正源中学

回武汉小住几天后，父亲携全家到了黄冈县仓埠镇。父亲原本在重庆与暨大同学、华侨王探有约，要去新加坡王探开的一家化学公司任职，可是祖母不允，说他应懂得"父母在，不远游"的古训，她已年逾古稀，只有一个儿子，怎能远去异国他乡？父亲只好从命。恰巧此时徐源泉在黄冈仓埠创办了正源中学，聘请父亲当校长，父亲本不想去的，出国不成拟去上海应褚辅成先生之召到法学院任教，可徐源泉是祖父的老上司，又与我家有亲戚之谊，碍于情面而推辞不得，是以我们一家都到仓埠正源中学去，母亲也受聘代课，我和姐姐就地上学，老祖母仍住在武昌，由伯妈及仆拥相伴。

乡下生活是平静而枯燥的，但却有益于读书。我在这里安安静静地读了两年书，直到1948年暑期因内战的炮声临近父亲才把我们孩子送到武昌。

在正源中学，我的学业有很大的长进。正源虽然是一所规模不大的私立学校，可是师资力量非常雄厚，教学质量和水平比起武汉那些大学校丝毫也不逊色，这首先应归功于徐源泉，为了造福乡梓，他投入巨资兴办学校；其次则应归功于我父亲的从严管理和不惜高薪礼聘高水平的教师。仅拿我读初

三、高一时的代课老师来说，几乎清一色的全是名牌大学的毕业生：英文老师汪道章是东吴大学的硕士，数学老师吴逊时毕业于上海交通大学，物理老师孙某毕业于清华大学，化学老师马振芳毕业于浙江大学，国文老师是鄂东名儒梅老夫子。他们有学问有教养，又对学生循循善诱，无论传道、授业、解惑都达到了相当高的水平，赢得了学生的崇敬和爱戴。在这样好的学习环境里，我不仅增长了知识，更重要的是对学习科学文化产生了浓厚的兴趣和强烈的欲望，使我受益终身。

还有值得记述的是这些老师们的业余活动提升了我的业余爱好的档次。他们来正源教书都没带家眷，课余和周末不是在宿舍看书就是相邀到我家客厅下棋或打桥牌，从来没有搓过麻将推过牌九掷过骰子，对沾赌字的活动不屑一顾。受其影响，离开正源中学后我对麻将等活动再也没有兴趣了。

徐府寿宴

回到武昌的第二天，适逢徐源泉的原配夫人夏太太花甲华诞，祖母和父母亲被邀请参加寿宴，带了我们姐弟一同前往昙华林徐公馆。徐源泉抗战胜利后投资创办了仓汉轮船公司和正源中学，参股汉口第一纱厂和汇丰银行，并当选为南京国民政府立法委员，在湖北仍然是声名显赫的人物。夏太太生日那天，徐公馆冠盖云集，宝马香车络绎于途，寿宴过后徐源泉亲自带领客人参观他的私人收藏。收藏室有两大间，四壁立放着玻璃橱柜，珍藏的物品有青铜鼎镬、宋元明清字画、各色玉石、象牙和雕刻、珠宝珍玩，给我印象颇深的是四尊分别刻有福禄寿喜字样的金佛，每尊高约尺许，在橱灯映照下金光闪灿，熠熠生辉。每尊佛的神态各异，但都手捻佛珠面含微笑，和蔼可亲，栩栩如生。另一宗让我终身难忘的稀世珍宝是一对玛瑙西瓜，其大小和形状与真正西瓜毫无二致，奇的是透过其暗绿色的瓜皮可以依稀看见里面的红瓤黑籽。面对这精美绝伦的工艺品，我竟想不出一个堪与匹配的形容词来，什么巧夺天工呀，鬼斧神工呀，统统显得苍白无力了！

回到家里，我向未亲临现场的伯母夸说我的见闻，特别提到那四尊金佛和两个玛瑙西瓜，父亲听见了走过来对我说："你知道这些东西是从哪里得来的吗？"我摇头说不知道，父亲说这些东西他是第二次见到了，头一次是二十年前在天津我家的寓所。有天晚上时任26集团军28军军长的孙殿英突然来我家拜访祖父，一见面就扑通跪倒连称：镜翁救我！镜翁救我！祖父忙将其扶起，请他有话慢慢讲。原来孙殿英数日前指挥部下盗了东陵，正受到南京政府和京津卫戍区的查究，他是来和祖父通款曲，请祖父为其在徐源泉面前求情。随即他命陪行的副官打开两个特制的楠木箱子，里面装的就是那几样宝物，他说一定请祖父笑纳。祖父马上就婉言拒绝了，并劝其尽快将这些东西交公，免遭责罚。说到这里父亲轻描淡写地道："今天我才知道原来这些宝物送给了克诚公，唉！"（听说宋美龄也得了不少。）说到此他意味深长地看了我一眼，加重语气道："你祖父当年拒收孙殿英的贿赂是对的，记住，这是我们的家风。"说完他又特地嘱咐我这件事不准在外面张扬，以免召祸。

文华中学

关于我的上学问题，父母亲有一次对话被我无意中听到了：

父亲："庆生上学的事你有什么想法？"

母亲："叫他好好准备考试，考上一所好学校。"

父亲："我的意思是送他上教会学校，一是教学质量比较高，二是准备将来出国留学。"

母亲："教会学校也要考，考取了就让他去，我没意见。"

父亲："我看这孩子蛮聪明，是块可造就之才，我们一定要让他受一流的教育。我已年近不惑，不会有所作为了，把希望寄托在儿子身上吧。"

母亲："那就这么定了，让他考文华中学吧，读完文华接着读华中大学，那不都是美国教会办的学堂吗？"

父亲："可是教会学校收费高，我们怕负担不起。"

母亲："靠我们的薪水当然不够。但是你放心，我会向家里要，阿爸会帮助我们的。"

父亲开怀大笑了："你真是我的贤内助，我就等你这句话哩。"

为了保险，父亲让我同时报考了三所武汉市的名牌中学：市一中，实验中学，文华中学。结果这三所中学都录取了我，依父母的意思我去了文华。这是一所美国基督教圣公会办的学校，校址就在离我家很近的昙华林。这所学校收费昂贵，每学期一百元现大洋，但是物有所值，其教学设施完备，师资力量雄厚，与华中大学同处一个校园，俨若华大的附中，据说它们是留美的"一条龙"。从华大毕业的学生基本上都留美了。

文华的老师大部分是美国人，其中以神甫居多，他们来华既充当传道布道的神职人员，又兼任传播科学文化知识的教师。我在文华就读三个学期，除了国文、历史等几门课程外，授课的都是美国神甫。至今还记得姓名的有：Frank、Stephen、Randolph。他们那时都还很年轻，一个个看上去脸色红润，容光焕发，讲起课来有声有色，不时来那么几句幽默，引得同学阵阵大笑，课堂气氛十分活跃；这种情景同中国学校的严肃紧张造成了鲜明对比。

我在文华上的第一堂课就是英文。课前听同学介绍，老师名叫弗兰克（Frank），是个神甫，很会讲故事，听他的课很过瘾的，他不讲什么语法，你只要听他解释课文跟着他读就是了，考试很容易及格的。

上课铃声响了，一位美国人走进课堂。

"Stand up!"值日生发令。

"Morning, students."弗兰克走上讲台微笑着向学生问候。

"Morning, Sir."同学们齐声回答。

"This morning we are going to learn a new text. Please open your books. Turn to page five."

这几句话我都听懂了，也按吩咐做了。这是一篇故事，题目已记不清了，但它的开头我还记得很清楚：

Long, long ago there was a gentleman in Boston. 弗兰克开始读课文，我很不习惯他浓重的卷舌声，不过觉得很好听，很柔和。他读一段课文便停下来，把生词和难懂的句子写在黑板上进行解释，说出一些我听不懂的话，我注意到同学们都听得聚精会神并不时发出会心的笑；于是我慌了神，不知所措。我尽量收摄心神，努力去捕捉弗兰克吐出的每一个词，但是徒劳，他讲得太快了，我跟不上他的速度。以前不是这样的，在中国老师课堂上我从来没有这种感觉，我的英文成绩一直名列前茅呢。一节课下来，我居然大部分都没听懂。恨自己无能，觉得颜面扫地，但是我绝不灰心丧气，我就不信同教会学校学生的差距是不可弥补的。所幸的是其他几门由美国老师代的课——数、理、化、体育等我都能跟得上，没有太多的语言障碍。这就进一步增强了我迎头赶上的信心。

期中考试成绩下来，我的英文课只得了四十分，其他课都在八十分以上。

我硬着头皮拿了成绩单去见父亲，他皱起了眉头，自言自语道：英文四十分，丢人丢人！我咕哝道：老师全用英语讲课，而且讲得又快，听不懂。父亲喝道："听不懂说明你底子薄，没好好学。你大了，我也不打你了，期末如果考不及格就不要来见我！"

父亲的责骂激起了我的不服输之心，以后我就重点攻英文，坚持课前预习，课外尽量和同学们进行英语会话，提高听说能力。期末考试我的英语考了 65 分。这个成绩父亲认可了，平心而论，这也确实来之不易。教会学校学生的英文水平比起我们自己的学校来高出何止一筹呵。

其实真正的收获还不在这区区 65 分，而在于它给了我一种信心，教会学校的教学门槛并不是跨不过去的。渐渐地，我适应了英语讲课的环境，克服了语言上的障碍，在听说读写英文的能力上有了一个飞跃。

在文华我的身体也得到了有效的锻炼。因为学校非常重视体育，一周有三次体育课，对学生有严格和明确的要求，体育不及格不准升级。而在万中和正源，体育课只是一门副课，体育设施也很简陋，就那么几个篮球场、几副单双杠、几个沙坑。上体育课就是跑跑步、打打球、跳跳远（高），学期考试很容易就通过了。所以读了几年书在体能上并没有多大长进，也没有学到多少技巧。可是在文华情况就大不相同了，除室外有一个标准的体育场和各种设备外，还有一座两层楼的健身房（gym），上层是球场，可以打篮球、排球、网球、羽毛球，底层有单双杠、跳箱、杠铃、平衡木等器材。体育课又分基础和选修：跑步、单双杠、举重等为必修，经考试达到一定标准才能及格；另外要从球类、拳击等项目中选修一门，也要考试过关。这样，无论刮风下雨，体育课都照上不误，而且内容充实，人人都有锻炼的项目和手段，同中国人办的学上体育课只是跑跑步、打打球，多数时间无所事事的情况比起来，差别太大了。代我们体育课的美国老师好像叫威尔逊，中等身材，长得很敦实，肌肉非常发达，技术非常全面，尤其擅长 Boxing，他教学生在与对手对垒时应取什么站姿，应如何利用手套遮挡击打部位，应如何用直拳、勾拳、摆拳攻击对手以及如何躲避对手的攻击……对于我们这些讲好斗好动的十几岁的男孩子来说，这门课是最具吸引力的了。我上体育课第一次戴拳击手套时的兴奋情景至今犹历历在目。两年后，我的体育取得了不错的成绩：百米 13 秒 2，跳远 4 米 80，跳高 1 米 40，单杠引体向上 10 次，双杠屈臂撑 24 次，举重 60 公斤，自身的体重也从不足 50 公斤增至 58 公斤。这一系列数字也许一般人看来微不足道，但那时我才 16 岁，还是一个未成年的少年啊。

遭逢毒手

正当我为能上文华而庆幸的时候，却遇到了一件令人感到万分意外的尴尬事。

有天下午课外活动时间，我在健身房打篮球，突然威尔逊出现在我身旁，轻轻地拉了一下我的手示意我跟他出去，我顺从地随他下楼到了操场上，问道："Where do you take me, Sir?"他诡谲地一笑，说："To my home."其实他所说的"家"也只是一间带一个套间的宿舍而已。进了房间，他就把门关住，上了栓。我略感紧张而疑惑地望着他，不知他要干什么。此前我曾听有些同学私下议论过，说有的美国老师爱把一些长得俊俏的学生带到宿舍去玩儿，给他们吃冰淇淋、巧克力、听音乐唱片。还说凡去过老师住所的同学第二次都不愿再去了，问他们为什么他们都支吾其词，好像有难言之隐。这次威尔逊邀我作客，我毫无思想准备，作为学生，单纯地服从罢了。见威尔逊关紧了房门我才联想起曾经风传过的那些话。不过我并不害怕，我一个男孩子他能把我怎么样？可是接着发生的事证明我想得太简单了。

"Do you like the crackers?"

威尔逊叫我坐在沙发上，转身从一个盒子里拿出一把饼干放在茶几上，笑眯眯地看着我。

我摇摇头，小声说："I'm not hungry."

威尔逊挨着我身旁坐下，双手捧起我一只手摩挲着，我斜着眼看着他那毛茸茸的手臂，浑身起了一层鸡皮疙瘩。我抽回了手，很有礼貌地站起来说道："I must be going now, Sir."威尔逊突然收敛了笑容，用不容置疑的口气对我说："I ask a favor of you." "Say it, please."我注意到威尔逊的额头冒出了青筋，呼吸变得急促起来。他重新抓住我的手，指着我的下身说："Put your penis into my mouth."我不懂penis为何物，就问："what's the penis?"威尔逊就用手去摸我裤裆里的小鸡鸡，露出一副狰狞可怖的脸孔。我一明白他的用意身子就像被弹簧弹起一般跃到了门边，并且以极快的动作拉开了门闩逃出了房门。我听见威尔逊在身后绝望地喊道："Don't tell anybody about what happened today！"

我并没有对他承诺什么，但是我的确没有向任何人提起过这件事。因为这件事情不仅想起来就令人恶心，而且它还破坏了我心中曾经长期存有的一种纯洁而崇高的感情，这就是我一直把美国人当作是中国人的好朋友，因为他们帮助我们抗击并打败了日本人，因为他们帮助我们办学校，给我们提供良好的学习环境和先进的教学设备。可是这种感情被威尔逊的丑行蹂躏了！虽然此前曾听说北平发生过美国大兵强奸北大女生沈崇事件，可当时我还没怎么往心里去，以为那只是个别事件，这次威尔逊对我的侵犯无异于跳出来招认：美国佬都这副德性，欺侮人算什么好朋友！

我牢牢地记住了这个日子：1949年4月19日。

一个月以后，武汉解放。

第一部 向往

转学高商

武汉解放前夕，徐源泉去了香港，正源中学停办了。父母亲回到武昌，一时间找不到工作，生活又靠上海外公接济。1949年底舅舅来信说，上海农村即将进行土改，外公会被划为地主，如果真如此，他还将失去行医的资格。这真是一个令人发怵的消息，我们一家子正靠着外公生活呢。父母亲加紧到处找工作，父亲终于在汉阳一家砖瓦厂谋得一个职务，有了一些收入，勉强支撑一家人的生活，可我的学费就没有着落了。这样过了一个学期，到1950年暑期父亲对我说，文华是上不起了，让我转到别的学校。我想家里人多口众，生活困难，即使读完普高也上不起大学，不如早点工作帮助父母供养家庭算了。于是我提出转读中专，父母亲也只好同意了。武昌的中专以高工和高商最为著名，我便投考了高商（全称为湖北省武昌高级商业学校），并以优异的成绩，作为插班生录取入计统班三年级。高商的校址在武昌粮道街涵三宫，离我家很近。

同年秋，我怀着新奇的心情跨进高商那座古朴典雅的校门，开始接受职业教育，告别了洋学堂文华，也终结了赴美留学梦。

到高商读书，我英文课的优势就凸现出来了，不费什么劲就稳居班上第一名，而在文华，经过两年的努力才勉强维持中等水平。

教会丑闻

真是纸包不住火，文华个别美国人做过的丑事终于在世人面前曝光了！

有天下午我放学回家，途经得胜桥时，见一群人围观一个布告，就凑了上去，原来是武汉军管会发布的，内容称：经查实，美教会所办文华中学数名男教师以诱骗手段，多次对该校一些青少年男生进行猥亵，给这些学生造成了极大的心理和生理伤害，其行为已触犯了我市军事管制条例，兹决定将该校实行军事管制并限期将×××、×××，若干人等驱逐出境，云云。

读了这则布告，我暗自庆幸未遭威尔逊毒手，同时从内心里拥护政府的决定。

时隔不久，在同一个地方又贴出一张新的告示，略谓：近日在武昌凤凰山一家美教会所办育婴堂后花园发现大批婴儿遗骸，经检测均系死于某种化学药品实验，与此同时在该院还查获大量化学试剂及相关实验仪器。政府决定将该院查封，将残害我幼婴诸疑犯拘留审查。布告一经公开，市民群情激愤，舆论大哗，纷纷要求政府严惩凶手，将有关教会人员悉数驱逐出境。其时，适逢美国出兵助韩侵犯朝鲜威胁我东北边境，把文华事件和育婴堂事件与之联系起来，群众顿时产生了相当浓烈的反美情绪，美国作为昔日的盟国和友邦的美好形象自此荡然无存。

没过几天，解放军某部到我们学校招飞行员，据说将要参加抗美援朝的中国人民志愿军入朝作战。同学们爱国热情高涨，有过半数的人报了名，我也欣然加入报名队伍，但因身

高和体重均不及格没过头道关口便被刷了下来。三天后，张榜
公布招飞结果，我班有三位同学入选，他们是：冯世永、涂宗
岳、王传宗。现在的年轻人也许不相信，当飞行员哪能这么容
易？现在是万里挑一，一所学校还未必能挑上一个呢！可当时
确实一个班就去了三个，因为当时全国也没有几所高中以上的
学校啊！

欢送光荣入伍的同学那天，学校张灯结彩，锣鼓喧天，
十几名未来的空军战士披挂红花，在几百个同学的簇拥下登上
一辆接兵的大卡车，缓缓开出校门，在一片欢笑声与祝福声中
渐行渐远。

不几天，在中华大学化学系读书的姐姐林纪康也兴冲冲
地回家告知家人，她已经正式参加了中国人民解放军，即将到
汉口中南军区某部报到。

新中国成立才没多久，我们家就发生了难以想象的巨大
变化，今后这艘家庭的风帆将会驶向何处？……

参加革命工作

解放区的天是明朗的天，

解放区的人民好喜欢，

人民政府爱人民(呀)，

解放军的恩情说不完，

呀呼咿咳咿呼呀咳，

呀呼咳呼咳，呀……

雄赳赳，气昂昂，跨过鸭绿江，

保和平，为祖国，就是保家乡，

中国好儿女，一心团结紧，

抗美援朝，打败美国野心狼。

这是两首标志性的歌曲，前者标志着人民获得了解放和新生，后者则意味着新中国摆脱了帝国主义的控制，走上了完全独立自主的道路。这两首歌曲起了鼓舞人心激发斗志的作用，听了它，唱着它就会热血沸腾、情不自禁地产生一种强烈的献身革命的愿望。

我说"情不自禁"这几个字，是因为那个年代的社会风气实在好不过，会使人受到感染，产生共鸣，觉得解放军与人民确实鱼水交融，政府官员和群众息息相关，无论穿着打扮（一律灰色或蓝色的列宁服）还是生活待遇（实行的是供给制），军民之间、干群之间都没有太大的差别，这对老百姓的影响比任何宣传舆论都胜过十倍！

那时的年轻人，都以能参加革命为荣，而捷径就是上军政当局主办的以培养各行各业基层干部为宗旨的革命大学和军政大学。这是3~6个月的短期培训性质的学校，学习内容主要是浅近的马列主义基本知识和做群众工作的原则与方法等。不少青年结业后立即派赴农村参加轰轰烈烈的土地改革运动，成为乡村各级干部的骨干。而少数被派到新设立的城市各行政管理机构的人员，后来都成了那里的骨干。当然也有相当比例的人因政治审查不合格而被中途淘汰。

在踊跃报考革命大学的热潮鼓动下，我也动心了，曾试着向父母亲提出上革大的愿望，遭到了拒绝，他们说我年龄还小，应该多学一点知识，急着参加工作，底子太薄。此议虽作罢论，但参加革命的思想并未减退。

入职一纱

转眼间到了1951年春天，临近毕业的时候，有一天在汉口一纱厂细纱车间当领班的堂兄林长生告诉我一条消息：一纱要招收一批统计人员，条件是高中以上文化程度，年龄三十岁以下，须经本厂一名正式职员介绍。他说，一纱是个有着十万纱锭、千余台织布机的大厂，在中南地区首屈一指，在全国也是声名显赫，厂子工资高福利待遇好，多少人争着想进而不得其门而入。这次真是一个大好的机会，让我去报名参加考试，如果能获录取，这辈子就不愁没有一份好工作了。可我却问他，到一纱工作算不算参加革命？他说他也搞不清楚，待打听清楚再说。

几天后长生哥哥回说，他问了厂里领导，一纱原来是私营的，解放后国家即参股合营，现在的厂长是由中南军政委员会工业部从河南信阳专员公署调来一位薛姓专员担任，副职才是私方代表。厂里现在设置了中共党委会，并且各中层机构都建有党支部，由党员干部担任主要领导。从这个架势看，在这个工厂工作应该算是干革命吧。有了这句话我就决定报考。同父母一商量，他们也同意，说是先干起来再说。

考试科目是国文、数学、时事政治，题目都很简单，没费什么劲儿就解答好了。这次参考的共三百来人，只录取了十五名，我侥幸名列榜首。这时离高商的毕业考试只差一个多月。我回学校办离校手续，开具了学籍证明，当然，遗憾的是没得到中专的一纸毕业证书。

新进厂的十五名统计员按考试成绩分配了工作，我被分到计划室统计课，其余人都下了车间。在车间工作是要三班倒的，不但机器的轰鸣声十分刺耳，空气中飘散着短绒飞絮，而且还要上夜班，环境条件比较辛苦。而在计划室则只上长白班，从这一点上就显示出考试成绩好坏的差异了。

计划室设在厂办公楼的三楼。这是正对着工厂大门的一幢钟楼式的西式建筑，矗立在长江边上，同汉口的江汉关隔江相望，是武昌岸边的一景。

计划室下分计划课和统计课，同在一间大的办公室办公。室主任陈戈是一位"三八式"的女干部，她的丈夫是武汉空军司令员肖前。计划课的课长姓杨，是厂里原有的老人手。说话低声细语，为人很和气的。统计课的课长空缺，副课长名叫刘怡之，是原来武汉市首富刘有余堂的后人，清华大学经济系毕业，本来在自家办的厂子震寰纱厂当襄理，拿着高薪，握着大权，但是解放不久却放着少东家的地位不做，心甘情愿地应聘到公私合营的一纱厂当个小小的副课长。不是图个什么，而是为了革命！用他自己的话说他要以实际行动与资产阶级家庭彻底决裂。这个例子足以说明当时共产党领导的革命事业对于有志于创建新中国的热血青年来说具有何等巨大的感召力和吸引力！

说到刘怡之，有几桩事情值得一说。解放前他在清华上学的时候，偶而有一次因手头拮据而又急需一笔数目较大的钱用，不知如何筹措，听同学说西城有一家湖北人开的钱庄，何不以刘有余堂的名义去挪凑些钱出来，于是刘怡之便去找到这家钱庄，殊不知他刚向掌柜的讲明来意并递上自己的名片，那位掌柜立时堆起笑脸迎下柜台，连连向他拱手行礼，道："原来是少东家来了，有失远迎，尚祈恕罪！"

同样出身的刘怡之的哥哥刘佑芳，情形却完全和他不同。

武汉解放前夕，汇丰银行的两名高级经理人员刘佑芳与汪××因赌博发生争执与斗殴，刘将汪击昏后用两颗长钉从汪的两侧太阳穴钉入，汪当即死亡。案发后经小报一渲染成为江城轰动一时的所谓"双钉血案"。此案很快被警方侦破，刘佑芳被捕，交地方法院审判。刘家欲以重贿买刘佑芳不死，法院遂以"案情不清"为由迟迟不予开庭。岂料施家也是富商巨贾，紧紧盯住案子不放，宁愿倾家荡产也不放过刘佑芳，发话不把仇人送上刑场绝不罢休，为此，也是大把大把的给法院送钞票。腐败透顶的法院看准了这是一个绝好的敛财良机，对原被告两家的贿金通吃不误，据说两家都用卡车拖着银元送进法院后门！法院最后迫于汹汹舆论，不得不判刘佑芳死刑。

对比刘家昆仲，同出一门，道路迥异，这对以出身议论人者该是一个教训吧。

刘怡之在震寰纱厂的月薪是九百万（折合新币九百元），到一纱拿的是行政17级工资，月薪约九十元，恰好是前者的十分之一。显然，如果是为了名利他是决计不会到一纱了。

父亲遭诬

刚参加工作，我的工资每月只有 28 万 5 千元（合计新币 28.5 元）。三个月试用期满转正，工资增至新币 48 元。钱虽然不多，按当时的生活标准，连自己也满可以养活五个人了。我确实也是这样做的，发了工资只留下十元生活费，余下的全部交由母亲去支配，家里那时祖母、母亲、三个妹妹和两个弟弟都指着父亲和我赡养呢。父亲每个月可以供给家里六十万，加上我的那几十万，家里的生活，弟妹们上学都还勉强可以维持。但是不几个月却风云突变：父亲在开展得如火如荼的三反五反运动中以涉嫌贪污被厂方隔离审查，并限制了人身自由，据来我家通报消息的一位黄冈老乡说每隔几天就要上一次批斗大会，精神上受到莫大的刺激。

我和母亲闻讯后都很着急，不知如何是好。反复计议一番之后，决定由我亲往恒泰砖厂一探。过了几天是一个星期日，我买了一些糕点水果去了汉阳，进了砖厂办公楼被门房拦住进行会客登记，我通报了姓名道明了来意，门房将我带到一间大会客厅就走了。一会儿一位干部模样的中年男人带了我父亲进来，向我点点头说：你父亲是停职反省的人，不可以外出，你们就在这里谈吧。说毕就带上门出去了。

我和父亲有半个多月未见面，他显得十分憔悴，络腮胡须凌乱而蓬松，眼睛黯然无光，整个人就像脱了形一般。我不禁悲从中来，鼻子发酸，险些掉下泪来，父亲见了我第一句话是："你知道我的情况了？"我点点头小声道："××前天到家里报的信，祖母母亲都不放心，叫我来看你老人家。"他侧过头看了看门低声道："我是被冤枉的，你告诉家里人不要为我担心，我会扛得过去的。"说到这里，他顿了顿接着又说："万一他们冤枉了我，你要到上面为我申冤。"我问："据说他们怀疑你贪污？"父亲正色道："莫须有！有人把我负责对外办交际所花的钱都算作我贪污，简直是诬蔑！"他说着说着激动起来，"我是副厂长，联系供产销是我的责任，搞好各方面的关系哪有不花钱的。那位军代表（当时上头派驻厂里的公方代表）不也用公款招待上头来检查工作的干部吗？我想不通，辩了几句，就发动群众批判我，扣上三反分子的帽子，侮辱人格！"我生怕他的话被门外的人听了去会惹来更大的麻烦，连忙安慰说，事情终会水落石出的，请他心放宽些。他沉默了一会儿突然狠狠地说："士可杀而不可辱，他们再批判我，我就以死抗争！"这时，领父亲来的那位干部推门进来了，面无表情地说，会见的时间到了，让我回去，又说，以后家里不用再来人了，以免影响审查对象交代问题。我只好站起来同父亲告别，握了他的手着力捏了一下，说："你老人家放心，所说的话我都记住了。"其实是暗示他，不会让他蒙冤而不顾的，同时也是为了稳住他的情绪，不要气愤之下寻了短见。

一个月后父亲负着行李从工厂回来了，说问题已查清，结论是，工作中铺张浪费，有多吃多占行为，免予处分。他接着激忿地说，我已递了辞职报告，不再去上班了！我和母亲听了大吃一惊，异口同声道："那你不要工作了吗？"他决绝地点点头道："士可杀不可辱！我受不了那样的腌臜气，我不信我找不到一份好工作。"

我们只好默然。我在心里暗自叫苦："父亲呀父亲，您为争口气把工作都丢了，以后家里日子怎么过哟！"

父亲回家不久就上了以思想改造为宗旨的中原大学，学员基本上都是旧社会有一定学养和身份的公教人员，诸如大学教授、中学教员、旧政府公务员等。他在那里待了一年多就投奔时任山西省副省长兼山西大学校长的邓初民去了。邓是父亲早年上暨大时候的老师，又是湖北同乡，关系非同一般。本来讲好了的是去邓老处任山西大学副教授，可是父亲运道太差，因故比预定的时间晚到了太原几天，邓老已卸去了山大校长职务，不边插手学校人事，到山大任职之约作罢，父亲又碍于情面，不愿回鄂，于是由邓老安排在太原晋山中学（后改名太原一中）教书。每月工资六十八元，寄四十元回家，不足之数全由我补充了。

要求上进

我的运道比较好，进一纱后工作很顺利，自己也很努力，完成任务较好，颇得领导赏识和同事好评，所以工资一升再升。到了1952年10月，我在又一次调资中被评为二级课员，工资涨至每月68元左右（当时是以工分计算的，月薪为290分，分值是浮动的）比一个大学本科毕业生的标准待遇还高40分哩，这在当时确实是显得很突出的了。

参加工作以后，每周政治学习一次，读了统一印发的干部必读的几本书，其中有斯大林的《论列宁主义问题》《论民族问题》，艾思奇的《社会发展简史》。我很快就对马列主义理论产生了浓厚兴趣，初步懂得了一点社会发展规律，深信共产主义是人类社会发展的必然，而社会发展的动力是阶级斗争，共产党是无产阶级先锋队，是带领人民实现共产主义理想的唯一正确领导。从而下决心要永远跟着共产党走，为实现美好的共产主义理想而奋斗。

这个决心化作一股巨大的热情，激励着我更加勤奋努力地工作和学习，无论思想政治上还是业务上，我的进步都很快，被领导视为积极分子，吸收我为"三反五反"打虎队队员，在日常工作之外参与"老虎"（对有重大经济问题的受审人员的蔑称）内查外调，加班加点是常事，工作紧张的时候既没有节假日，也不分白天夜晚，可是干劲十足，不知劳累，浑身有一股子使不完的劲。如果问我当时是怎么想的，我会坦率回答：远的目标是共产主义，近的要求是加入新民主主义青年团。我向机关团支部提交了入团申请书，把积极表现看作是团组织对自己的考验。

拜师学戏

我整个身心都投入了工作和学习，业余时间很少，没有什么业余活动，厂里周末举行跳舞晚会我很少参加。纱厂里女工很多，不乏年轻貌美的女郎，男青年职工非常热衷于周末舞会，一个个收拾得油头粉面的，足下蹬着皮鞋，腕上戴着手表，为的是能在舞会上博得漂亮女孩子欢心，如果有缘还可以找个对象。

十八岁的我，血性方刚，情窦已开。对此情景碍难无动于衷，可是由于忙，更由于害怕花了心思，浪费了学习求上进的大好时光，就竭力地克制着自己。

那段日子里我唯一的娱乐就是学唱京剧。为我启蒙的师父名叫林德明，他是一名票友，工青衣花旦，戏路很宽，会唱梅派的《贵妃醉酒》《霸王别姬》《宇宙锋》《凤还巢》《生死恨》《御碑亭》《苏三起解（带会审）》等剧目，也能唱荀派的《红娘》《拾玉镯》等。林德明就住我家隔壁，到他那里学习不用跑路，他每天教我一段戏或唱几句唱腔不费什么时间，我的悟性特别好，他教得认真，我学得极快，一个晚上个把钟头我就可以将其所授基本掌握，可以上得弦子（林德明又善京胡，中规中矩，有板有眼）。复习唱腔的时间是在上班的路上，边走边哼，手指在裤腿上敲着板眼。海派唱腔圆润婉转，韵味深长，尤其拖腔末尾那轻轻的一甩，酣畅淋漓，令人陶醉。

我从迷上京剧之后，不到两年时间，就把林德明会的戏掏光了。他见我兴犹未尽，就带了我去马道门拜一位新师父。

师父姓王，年约六十，据林德明介绍是武汉很有声望的名票，不但青衣花旦唱得好，而且唱念做打样样都行，早年经常在戏院票戏或者出席担纲阔佬名流的堂会。

去拜师那天，我买两瓶花雕，两条美丽，两样曹祥泰的糕点，这在当时算是厚礼了。王老师在客厅接见了我们，林德明很恭敬地向他说明了来意，他很仔细地将我从头到脚打量了一番，点了点头，脸上露出了笑容，说："是个学旦角儿的胚子，长相蛮好的嘛。"林德明赶忙接了他话说："这孩子学习又快又好，嗓子也蛮甜的。"王老师顺手在座位旁墙壁上取下一把京胡递给林德明道："叫小林吊吊嗓子我听听吧。"我连忙站起身来，小声问林德明道："我来一段《别姬》的二六怎样？"林德明点点头就拉起了过门，我虽然有点紧张，但还是非常卖力地把"劝君王饮酒听虞歌"这个段子圆满地唱完了。王老师在听的过程中始终闭着眼睛，右手则在桌子上点击着拍节。等到琴声止息了他才张开眼含着笑意说："不错不错，只有个别地方咬字不够稳，行腔不够圆。唱京剧讲究字正腔圆，往后多加注意就是了。"接着他就举出几个例子进行了说明，如"虞歌"的"歌"字要读作"锅"，"一刹那"的"那"应唱成"挪"，他还解释说，京剧虽然现在已成为北京的第一大剧种，但它的前身是汉剧和徽调，许多念白和唱词还保留了当年的湖广音。那天王老师谈兴很浓，同我讲了京剧界各个行当的流派和掌门人的一些轶闻趣事，一直谈到深夜。林德明不失时机地提出请王老师收我为徒，王老师慨然允诺，我连忙恭恭敬敬地向他行了三鞠躬礼，响亮地叫了一声"师父"。王老师说我的身子骨和长相很适合唱旦角，嗓子也洪亮，他愿意在唱念做打各个方面调教我，让我日后也能上台票戏。

从那以后，我不再去林德明家，改为每周星期六到王老师家学戏，如无特别要紧的事从不耽误。一年工夫下来，我的京剧基础打得比较扎实了。在当时只是作为一种爱好，没想到若干年后居然对我的生活起了意想不到的重大作用。

元旦登台

好过的日子过得特别快，转眼间1952年即将过去了。十二月份，在早几个月调到中南军政委员会纺织管理局当计划室主任的陈戈推荐下，组织上决定调刘怡之和我到纺管局工作，分配在计划室下面的统计科。计划室还辖一个计划科。我们报到的时候，这两个科都没有正科长，计划科的付科长叫做黄山，毕业于清华大学经济系，是首批随军南下的大学毕业生。刘怡之被任命为统计科付科长。那时解放未久，干部缺乏，尤其懂经济、有水平的业务干部更是稀少，所以黄、刘二位在计划室是扛大梁的人物，而陈戈则为他们开展工作起着开拓道路的作用，她是老革命，上层关系好，公务上有什么掣肘之处得她出马搞定。纺管局管理着中南七省的纺织行业，各种经济成分的企业何止万千，当时实行的分级管理体制，我们管理的只有国营和公私合营的大型企业，其他的由各省纺轻工业厅或纺管局管辖，但业务上的重大事情还得呈报我们局审核后上报中央纺织工业部。工作头绪很多，业务庞杂，纺管局不过才一百多个干部，队伍精干，可办事效率很高。

我所在的统计科，一共有16个人（包括计划室共用的一名工友），分三个组：综合组三人，组长是位女同志，姓朱，中华大学经济系毕业；基建组三人，组长姓邹；生产组七人，我为组长，组里除一位姓孙的女同志和一位姓王的南下干部外，都是大学学经济的出身。而我这个18岁的娃娃组长只有中专学历，相比之下相形见绌了。我心里明白，这是陈主任和刘科长有意培养我，而不是我已具备了当组长的素质，所以我在工作上兢兢业业、小心翼翼，与同志们相处保持着低调，让别人都叫我"小林"，分配工作任务尽量发扬民主，走群众路线，自己拣重担子挑，这样，到纺管局时间不久我与同志们的关系相处得非常好，工作也开展得很顺利，我们不但能够及时准确地向中纺部上报各种复杂的报表和按领导要求定期作出比较精确的经济分析和生产形势预测，而且为此对基层统计工作进行了清理整顿，建立健全了各级纺织部门的统计制度。

在纺管局我当选为工会文艺委员，原因就是在我的干部登记表"特长"一栏中由自己填写了"会唱京剧"。新委员上任就接受了一项任务：参与武汉市第七工会筹备1953年的元旦晚会。第七工会包含了纺管局、交通局、港务局、武汉市府市委——等下层工会。七工会文艺部开了一次各下属工会文艺委员联席会，经讨论决定（庆祝五三年元旦）唱一台京剧，舞台定在武汉市委大礼堂。剧目定为女起解带会审，由我主演苏三。当时我感到很奇怪，别人怎么知道我会唱京剧并且可以登台演出呢？原来长江港务局有一个很成熟的京剧社，荟萃了爱好京剧的各种人才，其中有几位就是王老师的徒弟，这次把我推出来挑大梁的就是他们，而这又是王老师对他们的嘱托，王老师要培养我，让我露脸，给我以实际锻炼的机会，当然，这也是对我的考验了。会审这一出戏，我虽跟王老师学过，可是全剧并没有实地套过，更没有排练过，能否在如此短的时间内（从接受任务到演出只有不到半个月）

与其他角儿合练得丝丝入扣是一个大问题，还有，我没和文武场面演练过，而这方面的程式是极其严格的，从哪里上下场，何时唱念，一举手一投足都有严格的规范，这些都是难题，我能克服吗，能越过这些关口吗？说实话，我心里丝毫没底，尽管王老师在第一次正式排练时给我打气，说我唱戏有天赋，悟性和记性都好，相信我一定会获得成功，可我还是心系十五个吊桶，七上八下地不踏实。

五二年除夕到了，我只参加过两次合练，可是整本戏包括文武场面和剧中所有过场我都烂熟于心了，这是我勤学苦练的结果，也证实了王老师的话：我在这方面有一定天赋。下午五点钟我就到了武汉市委大礼堂舞台化妆室，化妆师整整用了一个钟头，才把我这个少男扮成了剧中的女主角苏三。对着镜子我几乎认不出自己了，原本方方的脸因为贴了片子变成鹅蛋形，原本略翘的眉梢被吊起直插鬓角，原本短发的头上安了假发，又插满五光十色的头饰，在电灯光下熠熠生辉。就这样，我变成一个妇人，要登台表演了。这时，我的表现欲膨胀起来，急于要一显身手，好给台下黑压压的观众（其中有中南局、湖北省、武汉市的领导和我自己邀请的亲朋好友，我更在意后者）一个良好的印象。

终于到我上场的时刻了，在舞台监督导引下我站到上场门边，应着锣鼓点子高喊了一声："苦哇"！由此全身心地进入了角色。一阵细碎莲步出得场来，站定，亮相，赢得了台下一阵掌声，接着就是闪动不停的镁光，这是报社记者和朋友们在拍照。一次内部的演出竟然造了这样隆重盛大的声势，这真是我始料不及的。唯其如此，我加倍努力地在唱念做上尽心尽力，不敢对任何一个细节稍有疏忽。得到的第一个彩是反二簧"辞岳神"中那一句十八拍拖腔"他说是冤枉难辩"，我竭力唱得凄婉悱恻，哀怨动人，果然尾音刚落大厅里就响起了雷鸣般的掌声和喝彩声。往后几乎每唱完一句较长的婉转柔美的拖腔都会博得一片掌声。这益发地鼓舞了我，使我表演得更加自信，做得更加完美。

"起解"落幕后休息了十五分钟，在化妆室局里一位同事告诉我：今天出席晚会观看演出的有市委书记张平化，市长吴德峰，还有中南工业部的领导袁振等同志。听到这个消息，我当然很高兴很得意。

"会审"的场面显得比较沉闷，苏三老是跪着唱，唱腔也没有特别吸引人之处，获得的掌声也少了，稀稀落落，没精打彩，反映出观众的情绪不高。也许是出于礼貌吧，全剧终场后在持续不断的热烈掌声中我谢了三次幕。

情窦初开

卸妆的时候，我们局里计划科的曾碧霞上后台向我来表示祝贺，她说将等我一同回局里去。她的盛情使我深受感动，因为我到纺管局后她是头一个主动对我表示关心的女同志，比如帮我买食堂的餐票，提醒我不可缺少哪些生活日用品，还每每在下班后陪我散散步、聊聊天。从初步的交往中，我了解到她是广州市人，中山大学经济系肄业，因为向往革命而中途辍学应聘到纺管局的。她比我大三岁，那年才二十一岁，可各方面都显得很成熟。她长得并不美，丹凤眼、高颧骨，皮肤黝黑却很光泽。她喜欢音乐和运动，浑身焕发出青春的活力。到纺管局不久我就对她产生了一种特殊的感情，巴不得每天都看见她，尤其下班后总希望能同她在一起，可我又没有理由往计划科跑，怕遭致别人的怀疑，于是就盼望着她到我办公室来，而她也总不来。我们住的都是单身宿舍，男宿舍就在天津路局办公楼对面，女同志则住在隔一条街的中山大道。男女一样，同一间宿舍住好几个人，想串串门都很不好意思的。所以我每每在中午休息时，故意待在办公室里喝茶看报，有时也打打盹，主要目的是盼着曾碧霞能来作客。有一次我看着报纸犯困了就伏案睡去，被上班的同志惊醒来意外地闻到一丝幽香，这是茉莉花的香气，曾碧霞喜欢茉莉花，经常在挽起的袖子里放上几朵，散发出若有若无、沁人心脾淡淡的气息。我连忙四顾寻找，结果在半开的抽屉里发现了几朵含苞待放的茉莉，立时一阵惊喜掠过心头，一阵幸福的晕眩冲上脑门……今天她要等我散戏后一同回机关，肯定有话同我说，想起这些，我更加快了卸妆的速度，换上自己的衣服后赶忙就往外走，这时礼堂已经没有什么人了，可曾碧霞仍然在休息室里坐着，搓着手，哈着气，跺着脚，我忙招呼她起身，道："真对不起，天这么冷。让你久等了。"说着我们并肩走出了市委礼堂。大门外，接送演职员的大轿车还在等着搭载最后一拨乘客，我以为曾碧霞有话同我说就没往车门那边去，没想到曾碧霞却突然拉了我一只胳膊朝汽车走去并把我推上了车，她随后就跟了上来。她的这番举动把我搞糊涂了：不是想单独同我谈话何必等我？等我到深夜仅仅是为了表示一下关切吗？从这天开始，我对曾碧霞的感情又有了微妙的变化，我觉得我对她更依恋了，渴望与她的关系能够更进一步发展，我甚至暗自承认：我爱上她了！

招待见闻

一个星期后，我参加局里的一个工作组出差郑州，到新建的河南省第一国营大型纺织厂——郑州国棉一厂检查指导工作，带队的是基建处一位姓崔的副处长，我的任务是帮助培训车间的统计记录人员。

我们受到了很高规格的接待。省、市纺管局和工厂都派了人到火车站迎接，用专车送进厂里的招待所，接下来就是接风，安排在二七饭店二楼的包间，美味佳肴自不待说，难得的是其中一道当地的名菜：红烧黄河鲤鱼。服务员拎了一个大水桶放在客人面前，里面盛着几条重约一公斤、活蹦乱跳的金色鲤鱼，主人（好像是一位厂长吧）这时请客人们挑选，于是崔处长当仁不让地指认了一条最大的，服务员当场将其捞出摔死在楼板上，然后拿进厨房烹饪，以示其鲜活。这一顿接风宴从下午五时半吃到八时半，整整三个钟头。酒醉饭饱之余，主人还为我们安排了余兴——听京剧，在黄河大戏院上演的《樊梨花》。听完戏已是十点半钟，殷勤的主人还请我们到二七澡堂沐浴，一直闹腾到凌晨才回招待所睡觉。虽然很困，但是躺在床上却睡不着，我在想，今天所受到的招待要花不少钱吧，这笔钱肯定是公家掏了，这算不算浪费？我们当时正进行着反贪污反浪费反官僚主义的"三反"运动呢！

第二天我把想法悄悄对同来的一位年纪稍长的同志讲了，他满不在乎地回答我说：你是头一趟出差吧？这算什么呢？下级接待上级很正常嘛。以后你就习惯了。

这是我自己脑子生出来的一个糊涂问题，解答不了，也无处寻根究底，就想到了要向知己倾诉。

　　那天晚上，厂里请工作组的同志看电影，我以头痛为由没去，关着门给曾碧霞写了一封信，在表示了思念之情后，把我来郑州后几天的感想写了出来，临了我大胆地加上一句：你也像我想你一样想我吗？我想这句话够露骨的了，我可以从她的回答中揣摩到她的心了。

　　信发出去一周以后收到了她的回信。当我在招待所房间的桌上看到那粉红色的信封和上面隽秀而熟悉的字迹时，我的心禁不住一阵狂跳，呼吸也变得急促起来。我捧起信，急切地用小刀挑开封口，抽出两页带有茉莉花香的浅红色信纸，展开看时，首先映入眼帘的是："小林"。我的心咯噔一下，闭上眼思索了一下：她平时在机关里总是对我直呼其名的，在信中称我小林是什么意思，难道暗示着要以小孩子看我吗？啊不，也许是我太敏感了。我睁开眼睛读信的正文，她针对我郑州之行的感想写道："你的一些想法说明你是一个肯动脑子的人，但是你太年轻，刚踏入社会，见识还不太广，见得多了也许就不会费不必要的脑子了。因为我参加工作以来还没有受到过如你所遇的接待，所以还没有实际的体验，说不出个所以然来。这样说你不会生气吧，小鬼。"天哪，她把我当作小鬼，哪里有我所期望的那种温情！后面她又以大姐姐的口气叮嘱我要注意冷暖，照顾好自己身体，云云。落款写的是："莎霞"。读完她的信，我想得最多的是她并不爱我，只不过当我是个小弟弟罢了，我对她的痴情不过是自己的一厢情愿而已。得了这个结论我伤心极了，恨不得痛哭一场。可是我又从"莎霞"两个字上生出一丝希望，如果她对我根本就没有儿女之情，为什么落款要用一个别人都不知道的名字？呵，是了，她对我还是有情的，只是不愿意如我一样地坦白宣示吧？女孩子总是腼腆的，矫情的，我怎么如此缺乏自信呢？……

在郑州待了近一个月，才返回武汉，那些日子我工作余暇想得最多的就是让我魂牵梦萦的莎霞，我巴望早一天解开我们之间的谜团，我要得到一个准信：她究竟爱不爱我或者退一步——她对我有没有与众不同的意思？

恋情解谜

这个谜团很快就解开了。我回到武汉的当天晚上就把曾碧霞约到江边做了一次长谈。开始聊了一些分别后彼此的一些见闻，后来我终于鼓起勇气袒露了我对她的爱，希望她能接受我。一接触到这个话题，她就沉默了，垂下眼皮，一动不动，一言不发。我去握她的手，她不回应，也不拒绝，我不知道如何是好，摇了摇她的手，急切问道："你听明白了我的话吗？请你回答我呀。"她嘴唇蠕动着，喃喃低语道："我害怕的事还是来了。……小林原谅我，这不可能，在我心里你只是一个小弟弟。"我忙反问："是因为年龄的障碍吗？这不要紧，别说你只大我三岁，就是大五岁又怎么样呢？只要我们感情好，管别人如何看呢？而且我相信我家里的人都不会反对。"曾碧霞把手从我掌握中抽了出来，直视着我的眼睛，清清楚楚一字一句地说道："小林，原谅我吧，这是绝不可能的，都怪我不好，使你产生了误会。我们回去吧，这样的谈话永远地结束了。"我看见她流泪了……

我不知道那天晚上我是怎么走回宿舍去的，我只记得第二天早上感到头痛欲裂，不得不请假躺了一整天。

我自认为经历了初恋的时候才十八岁，可能生理上心理上都还很不成熟，热情来得快去得也快，所谓的失恋之苦，几个月工夫就消失了，我同曾碧霞仍然以同志和朋友相处，只是再也没有单独接触过。

业余时间除了看书就是打桥牌、听京剧。桥牌技巧还是上正源中学时"观摩"吴逊时等老师们玩偷偷学来的。现在用以同刘怡之、黄山等高手实战就显得太拙劣了。一方面他们对我居然懂得桥牌的玩法和能够全过程使用英语感到意外，另一方面又对我不谙叫牌规则和出牌的随意性而表示失望，因而都不太愿意同我打对家。可是在听戏上我就有优势了，同他们一起听戏，我可以讲得出角儿的演唱风格，特别是青衣花旦行，一些著名的剧目我还能为他们介绍剧情和唱腔。那几年来武汉献艺的名角还真不少，我们有幸欣赏到梅兰芳先生和刘连荣先生的《霸王别姬》，马连良先生和裘盛荣先生的《将相和》，谭富英先生和袁世海先生的《楚汉相争》等。

革命劝婚

在中南纺管局的那两年工作很顺利，学习很用心，心情也很舒畅，政治思想上、业务上都有了不小进步。这两年家里也发生了不少事：武昌戈甲营的那座老屋由于生活困难被迫变卖了，另外租了昙华林张太太的一个偏院住着；父亲去山西投奔邓初民；姐姐同中南军区的一位协理员结婚并随之调往广州。姐夫比姐姐大八岁，据说这还是年龄差距最小的，在军区机关里多的是三十岁以上的光棍，他们在战争年代里或顾不上结婚，或够不上成家的资格（有二、五、八团之说）。解放进城了，条件大变了，但部队里仍是女少男多，比例失调，于是出现几个甚至十几个大龄男同志争要一个年少女同志。在大龄男子中颇不乏师团级以上干部，而新参军的女学生年龄大体在十八九岁上下，比首长们小了十几二十岁。由于年龄差得太多，许多女同志都不愿意，只好组织出面做工作了，劝导女同志要从阶级感情出发，以革命需要为重。那个年代人们普遍都充满了革命激情愿意为革命献身，所以这样的劝导工作大都有成效，只有少数女孩子顽固不化，个别人甚至做出越轨的过激行动。因为反抗劝婚，在我姐姐所在的部队机关里就有几个湖南籍的女兵（充任文化方面的办事人员）因逃避婚姻而突然失踪了！经过一番周折，才把她们从老家"请"回来，按说这种行为应作逃兵处理，但"事出有因，情有可原"而不予追究，仅仅批评教育了事，不过这几个女孩子事后还是嫁给了革命老大哥。

廉明风气

　　我参加工作三年多来，在我的同学和邻里小伙伴们眼里是少年得志，十几岁就成了十九级干部，挣的工资比大学毕业生都多，在大机关里上班，前途正不可限量。而我自己并没有把这些看得太重，我认为最重要的收获是对共产党有了从感性到理性的认识，认了这辈子要跟着共产党走，为实现没有阶级压迫和剥削、人人平等，各取所需的共产主义社会而奋斗。这样的觉悟首先得益于马列理论学习，同时也源于实际生活感受。姑且拿身边的事来说一说："三反"运动中武汉市发生了纪凯夫事件，卫生局干部青年团员纪凯夫因揭露领导有贪污浪费行为遭到打击报复，被拘留审查，纪凯夫通过某种途径向中共中央中南局进行申诉，在中南局的直接过问下查清了此案，对少数领导干部上下其手、互相勾结，滥用职权打击报复干部、破坏"三反"运动的行为进行了严肃的处理：宣布纪凯夫无罪释放，开除直接责任人卫生局某女局长的党籍并移交司法部门追究法律责任；其夫武汉市副市长被撤销职务；责令犯有官僚主义错误的市公安局长许涤新亲自向纪凯夫道歉，最令人震动的是竟然还追究了武汉市党委主要领导同志的责任。当时的市委第一书记张平化和市长吴德峰都被调离，张平化去了湖南，吴德峰去了北京。当时武汉市是直辖市，张与吴的地位相当的高啊。这件曾经轰动一时的纪凯夫事件能不令人对共产党的公正廉明从内心里佩服吗？

我所在的中南纺管局局长名叫魏廷槐，是一位红军干部，当过毛主席的秘书。他当时还兼任着中南军政委员会工业部副部长，行政八级，应该说位高权重，可是他平易近人、和蔼可亲，倒像个慈祥的老伯伯。我到纺管局不久，一次在办公楼道里碰见了他，我出于尊重侧身给他让路，他站住，拉着我的手，操着浓重的湖南口音说："你是新来的吗？在哪个单位？叫什么名字？"我恭恭敬敬地作了回答。他上下打量了我一番，说了几个"好"字，又说："搞统计要细心，不能粗心大意，要把数字搞准确，小林，好好干吧，工作有困难找你们科长、主任，也可以直接找我。"说实在的，我当时真有点受宠若惊。过了一段时间，有个周末晚上，我独自一人在办公室翻阅报章杂志，突然魏局长走了进来，他说："小林，你没回家也没上街？走，找几个人去俱乐部打麻将。"果然他很快找齐了人同我们玩起了麻将。在牌桌上哪里看得出他是一位部长呢。还有一次给我的印象极深。那也是一个休息日，上午十点钟左右魏局长从办公楼出来往南京路方向走，稍后，他的警卫员小王出现在他身后，离开约莫二三米的样子，快到街口拐弯处魏局长陡然停住脚步回过头看，这时他身后警卫员小王也止步不走了，装着没事儿模样，东张西望着。魏局长大声招呼他过去，走近了训斥道："不要老跟着我，去守机关大门吧，乱弹琴！"显然，他这是拒绝享受特权呀。

这样的见闻接触多了，不由得你不对共产党和共产党人产生崇敬和佩服，也不由得你不把入党当作人生的最大的愿望和追求。

心系首都

1954年是我人生命运开始大转变的一年，踏入社会以来运行良好的轨迹从此发生逆转，可这种变化却是以对未来美好的愿望与憧憬为发端的。

1954年，中央决定撤销全国各大行政区，其所属的干部或上调中央，或下放地方，由省（市）另行安排。中南纺管局从五月份起开始进行机构裁撤、人员分流的工作。我们一批年轻干部未取得大学文凭的，还多了一个去向，就是允许报考大学，获录取的可以享受调干助学金，并且毕业后可以提一级工资。这对于我真是一个好消息，虽然我的工资级别在同龄人中已高高在上了，但我心里明白自己学历太浅，知识太少，要在社会上做一番事业，必须进入大学接受系统的教育和训练。我之所以没按部就班上大学，主要原因是当时家庭有困难，上不起大学不说，还要挣钱帮助父母养活弟妹。现在情况已有所好转：父亲有了工作，母亲也可望近期去太原教书，姐姐已由刚参军时的供给制改为薪给制，也可以帮助家庭，而我又能享受助学金，上大学是水到渠成，只差过考试关了。局里符合条件本人又愿意上大学的同志有七八个人，曾碧霞也在其中。

离开学校三年未接触过中学课本，学过的东西都遗忘得差不多了。局里只给我们一个月的脱产时间复习功课。我原本喜欢数学和物理，如果当年不离开文华而且又上了华中，那么赴美留学肯定是学理工科。如今考大学报理工科恐怕来不及复习数理化，而文科相对容易些，所以决定报文科。填报志愿可以填七个学校和专业，我毫不犹豫地全报了北京的学校，因为我早就对北京怀有崇高的向往之情，它是新中国的首都，那里有巍峨的天安门，有藏龙卧虎的中南海，有敬爱的毛主席呵！

七月上旬参加了高考，下旬局里宣布了干部的去向，被上调中纺部的有十几个人，以张副局长为首，还有几位处长科长，刘怡之、黄山和我都在名单上。名单宣布后开始紧张地办移交工作，大批资料有的交给省（市），有的交给直属大型厂矿，有的则予以销毁。工作井然有序地进行着，只等一切顺利结束就要各奔前程了，只有我们参加了高考的小青年还在翘首盼望着考试结果。8月19日是发榜的日子，一大清早我就赶到长江日报社，伫立在门口的公共报栏旁，六点钟左右还散发着油墨香的《长江日报》贴了出来。我被北京俄语学院（前身是北京俄文专修学校）[1]录取了。我既高兴又感到遗憾，高兴的是终于能到北京上大学了，遗憾的是没能录取到第一志愿——

---

1. 北京俄语学院最初成立于1941年，起源于延安抗日军政大学第三分校的俄语班。1949年，这个俄语班发展成为北京俄文专修学校，并在1955年正式更名为北京俄语学院。1959年，该学院与北京外国语学院合并，成为新成立的北京外国语学院的俄语系。1994年北京外国语学院更名为北京外国语大学，俄语系也最终发展为如今的北京外国语大学俄语学院。该学院是北外历史最悠久的院系之一，在中国对俄语语言和苏联/俄罗斯文化研究领域具有重要影响。它不仅承担俄语教学，还在俄语教材编写、语言学与翻译研究上做出过核心贡献（如1960-90年代多部广泛使用的俄语教材）。

北京大学外交系，招生简章上明明写着该系是招生的，不知什么原因它一个学生也没有招，我想可能是没一个合条件吧。

在我面前展现出两条道路任由选择，其一是上北京到中央纺织工业部工作，另一是上北京去俄语学院读书，这两条路有一点是共同的，那就是上我向往已久的北京。人事处冯处长把我叫去谈话，向我解释有关政策：如果我上学，可以享受每月29.5元（新币，下同）助学金，毕业后可以仍回纺织系统工作，提升一级工资。如果我愿到中纺部工作，可以带全体家眷到北京，除报销路费以外，另给每人25元寒衣费。

应该说这两条路都很诱人，都预示着前程远大，一片光明。但从长远看，还是多读些书，用丰富的知识武装起来会更好，对社会多做些贡献。

我决定了，上北京念书去。

当天晚上我过江同妈妈商量这件事，赶巧那天姐姐从广州出差到武汉，我们三人讨论了一番，定下了几条：一、我读大学去；二、母亲带祖母和两个小弟弟去太原父亲那儿；三、三个妹妹留在武昌读中学；四、姐姐和我负担妹妹们的生活费，具体分工是我每月寄10元给四妹，姐姐每月寄20元给三妹和五妹。这样，家庭生活都得到了可靠而妥善的安排。我们这个破落的家快新生了，幸福的生活在向我们招手了。

8月21日收到了俄院的录取通知书，规定新生必须于9月30日前报到。那年长江发大水，京汉路有一段被洪水冲毁，去北京需要绕道上海兜一个大圈子，时间格外紧迫。黄山相约与我同行，令我喜出望外。我们买好了去上海的江安轮二等舱船票。定好了行期就打点行装。母亲说我头一次去寒冷的地方要多带点行李，她翻箱倒柜把最好的东西给了我，其实也可怜，不过是几样旧衣物而已：一床俄国毛毯，两套父亲的旧西服，一件海军呢长大衣，一件獭皮领羊羔皮短大衣。我参加工作几年也挣了不少钱，可是绝大多数贡献给了家庭，自己没敢多花钱，手表没买过一块，皮鞋没买过一双。在一纱厂时曾经以分期付款方式买过一辆捷克产的自行车，被父亲训斥了一顿，令我退还了，父亲说："家里这么多人要吃饭，你买的什么自行车，太不懂事了，马上就退了！"那时父亲赋闲在家，我也不忍拂他的意。

要离开武汉了，真有点恋恋不舍。我走后母亲将去山西，武汉已经没有家了，我不知道什么时候还能够回来，也许对这座生养了我的城市来说，今后我只是一个来去匆匆的过客而不再能生根了。

离开武汉之前，我很想见到曾碧霞。她考上了中南矿冶学院大专班，要去湖南报到，我们以后见面的可能性微乎其微！

临走前的夜晚，我久久在女宿舍外马路上徘徊，直到深夜也没见到她的身影，也许她是故意躲着我，自从局里吃过"散伙饭"后，办公楼关闭了，我怎么也碰不到她。明天清早就要起船，我只好怅怅离去。

江安轮的设备很好，我们住的二等舱位于二楼大餐间顶端，二人一间，有浴室，沙发，电扇，每天还供应一听英国香烟"大炮台"。这次我们赴京的差旅费是黄山到财务处预支的，船票也是他买的，我曾问他二等舱可以报销吗，他笑着对我说，他争取到了享受干部出差最高规格待遇，差旅费实报实销，机关撤销了，花钱就这一次了。

旅途见闻

两天后，轮船驶抵上海十六铺码头。下船后我们雇了两辆三轮车直奔南京路先施公司，两个看门人拦住我们不让进，口里不停地吆喝着："做啥体，做啥体？"黄山和我都愣住了，我看看脚下几件旧行李，意识到他们是以势利眼看我们，气愤地用上海话大声呵斥道："阿拉开房间，侬要做啥体？勿让进去是伐？喊侬经理来！"看见我硬了他俩就软了，马上堆起笑脸，连声道"请进"，一副奴才嘴脸，叫人看了恶心。我四七年离开上海，七年后重来，没想到某些地方还保留了旧十里洋场的恶习，以貌取人，看不起外地人！

黄山是头次来上海，我充当半个导游，领他逛了逛外滩、城隍庙和淮海路。黄山问我上海有什么特色菜，我答不上来，他自言自语道：中国八大名菜系本来就没有沪菜嘛。上海不如北京，全国各大菜系的佳肴都吃得到，到了北京我带你欣赏品尝。原来他还是个美食家哩。

在上海玩了三天，黄山与我商定，借绕道之机沿途到江南几个名城玩一玩，看一看。因此我们北上乘的是七日到达有效的慢车。在苏州停留了一整天，包了一辆三轮车，登虎丘山，游留园西园等八大园林，可惜时间仓促，每到一处只能匆匆一览。即令如此，苏州山川的灵秀、园林的古朴幽美，给我留下了深刻印象。

车到南京正好是清晨，我们又得以游玩了一整天，还是包了一辆三轮。上午登紫金山凭吊中山陵，到玄武湖泛舟片时。下午逛夫子庙、伪总统府，晚上探访秦淮河。可惜这里变化太大，已领略不到朱自清先生描绘的"桨声灯影"了。

　　火车从下关出发进入京浦线，沿途颇多积水，车速很慢，足足走了一天一夜才到达济南，拂晓时分列车驶过泰山，从车窗往外望去，不远处庞大的山影徐徐掠过，我不由得吟诵起"岱宗夫如何，齐鲁青未了"，黄山接口道：哪天我们专游一次泰山，登十八盘、玉皇顶，体味一下"会当凌绝顶，一览众山小"的壮志豪情，那才有意思呢。我心想，谁知道有没有这个"哪天"呢？不过没有说出来，怕扫了他的兴。这次与黄山同行，连续几日朝夕相处，感受到他博学多才和为人的豪爽、洒脱，每参观一个景点，他必尽可能对其索微探幽，尤其对所见碑碣表现出极大兴趣，不仅仔细辨认，有时还记于笔记本上。从闲谈中我了解到他出生于四川一个缙绅人家，抗战胜利后考入清华大学经济系，毕业后就应招随解放军南下工作团来到武汉，分配在中南纺织局计划室任付科长，当时懂业务的技术干部奇缺，像他这样的高级专业人才当然委以重任，直接参与了中南地区纺织系统的计划管理。此次上调中纺部计划司，也是为了更好地发挥他的专长。

　　车到天津，黄山一本正经地问我："小林，你身上还有多少钱？"我清点了一下说：不到两元。他像个孩子一拍大腿高兴地笑道："好极了，我们不会挨饿了。"他让我把钱全部交给他，然后分配道："五毛钱吃早点，五毛钱抽香烟，剩下的几毛钱到北京后我雇三轮到部里去取钱，我预先电汇了一笔钱的。"我说："那我怎么办？"他说："你乘迎新校车去学校，我取了钱再去同你会合，如何？"我心想这样安排够悬的，万一没有校车怎么办？黄山看出了我的心思，拍了拍我肩膀道："放心吧，一切有我呢！"

　　果然如黄山计划的那样，车到北京时我们只剩下五毛钱，大概仅够黄山去部里的车子，而我则是一文不名了。

在前门火车站下了车，我见车站广场有一处旗帜招展，用竹竿挑着不少横幅，认出都是各个大学的迎新接待处。黄山同我挤过去找到了"北俄"，负责迎新的同学很热情地接待了我，帮我把行李搬上校车，黄山便匆匆走了。

学校在石驸马大街，是北平女师大的旧址，大门口是琉璃瓦的宫殿式建筑，很气派。我刚下车，黄山就到了，他让我把行李暂寄在门房，带我去吃晚饭。步行出了街口只十分钟路程就来到一个湖南餐馆"屈原酒家"。拣了个座头坐定，黄山说他是老北京，为我这个新北京接风，点了几道有特色的湘菜，其中一道名曰"豆椒肉"，确实色味香俱佳，黄山说连毛主席都专门到这家店里吃过的。

酒醋饭足，天色黑了下来，黄山说别急，今晚长安戏院有梅葆玥的《辕门斩子》，不看可惜。我一切依他，反正行李大概丢不了，看就看吧。梅葆玥的嗓子不错，味道也足，可惜身材嫌弱小些，表现不出元帅的派头。

散戏后黄山还执意要陪我去俄院办下午未完的手续，一直陪到我被安顿好了宿舍床位后才离开，表现出一位师友的风范，令我十分感动。

入学北俄

北俄是全国唯一的一所俄语专科学院，在"以俄为师"、"向苏联老大哥学习"的大背景下，中央对培养俄语专门人才高度重视，派了师哲当首任院长，礼聘了由近百人组成的苏联专家顾问团来俄院任教，教学力量之雄厚是不言而喻的。

　　我们第一学期开设的课程有俄语词汇、俄语语言、语言学引论、汉语、联共党史、体育。俄语的两门课都由苏联专家讲授，班上同学大多数未学过俄语，毫无俄语基础，苏联专家上课配了助教兼翻译，我们班的助教叫刘庆宁，是位女老师。上第一节俄语课之前她召集全班同学做课前准备，告诉我们词汇课老师是位女专家，叫 бачинина . Агафия，上课的礼仪是老师向同学致意后，同学们问候老师好，用俄语说就是 здравствуйте бачинина . Агафия! 不会说怎么办？用汉语音译出来记住就是了，于是大家就按汉语的音记着说：石头拉石头伟姐，爸气悠啦，喝咖啡呀，大伙一念，全笑了！

　　刚入学分班，全班三十几个人（一学期后分为小班，十六七人），系里临时指定一个召集人，人头熟悉以后再选正式班委会。管理体制基本上是学生自治，不设班主任辅导员。班里负责思想工作的是团支部，负责生活、教学任务的是班委会。三个学生班成立一个党支部，当时调干生多，党团员相对也多。上面的领导层就是系党总支、团总支、院党委、团委以及各级行政领导。学生享有充分的民主自由，自己管理自己。

　　分班后第一次开全体会议有趣极了。临时召集人是位调干生，老气横秋的样子，他说我们首次全家福聚会，大家先作一番自我介绍吧。他清了清嗓子，一本正经地说：鄙人姓曹，曹操的曹；名奇，奇怪的奇；男，天津人氏，26岁零三天，完毕。逗得大家一阵轰笑。于是从他身旁开始挨个儿都作了自我介绍，报了姓名、年龄、籍贯，同学以应届生为主，年纪大都十八九岁，调干生有七八个人，其中我算年龄最小的，20岁，可同应届毕业的弟弟妹妹们相比，我已觉得自己好老了。

　　会议选举了班委会，我被选为副班长，负责学习上的

事。在我的建议下即席推举了每门课的课代表，后来我就依靠
他们开展工作，起着学生与老师以及系里的纽带作用。由于工
作做得认真细致，得到师生一致好评，我的副班长职务一再连
任直到五七年夏天。

应该说在俄语专业课的学习方面我毫无优势可言。从学
字母起步，还时常同英文字母发生冲突，把俄语的p（颤音）
念成英语的p（pi），将a(阿)读作（ei）。有一次语音老师生
气地说我是个каранча，助教没给翻译，我看得出来这不是什
么好话，下课缠着助教问究竟，她笑说каранча是"傻大个"的
意思，苏联专家与你开个玩笑罢了，别往心里去。可我认为
是奇耻大辱，从来没人说过我傻呢！我一定要奋发图强，努
力学习，尽快甩掉这顶帽子。说干就干，从那天起我制订了学
习俄语的计划，利用一切可以利用的零散时间练习发音，背诵
单词和课文。三个月后我在苏联专家眼里，由 каранча 变成了
лучший студент（优等生）！第一学期结束时我的考试成绩
全优。看来我还是有语言天赋的，这使我坚定了学好俄语的信
心，而在刚入学不久，我同刘怡之去看望因手术住院的张局长
时，他对我说如果学习有困难或者觉得学校不好，随时可回到
中纺部来。我那时还正因为学习上暂时不适应彷徨着呢。直到
此时我才完全绝了回中纺部的念头，定下新的目标：学好俄语
和文史哲，到外事部门谋发展。

初到北京，刘怡之和黄山对我格外照顾，每过几周就请
我吃一顿饭，他们是清华出身的，熟悉北京饮食，而且为人大
方，搞得我还很不好意思。到北京半年工夫我应他们之约差不
多吃遍了北京的名店：全聚德的烤鸭，东来顺的涮羊肉，后海
的烤肉季，屈原酒家的湘菜，东单的峨嵋酒家，西直门外的粤

菜叉烧等。

101中学

有一次刘怡之约我去他家度周末。他爱人方春英也是清华毕业的，在101中学任教导主任，他们有一个男孩，一家三口住在101中学宿舍里，下午五时左右，我如约找到了圆明园旧址，从颓圮的大门往里面走，绕过无数断垣残壁，足有二十分钟才看到几排零星的建筑，基本上都是平房，学校门外一片开阔地上整整齐齐地停放着许多小轿车，我目测了一下总数不下百辆，当下心里就犯了嘀咕：这些轿车怎么会到一所中学来？吃饭的时候我向方春英提出了这个问题，方春英说：我们这所中学是高干子弟学校，学生家长全是部级以上干部，平时学生住校，每到周末家里就会派小车接孩子们回城，你感到惊讶吧？其实这算不了什么，叫人吃惊的是这些孩子一个个骄气十足，互相攀比谁老爹的官职大，谁也不服谁的气，谁也碰不得谁，吵架拌嘴是寻常事，有时还发生斗殴呢。学校为管理这些孩子伤透了脑筋，都感到束手无策呢。我心想：怎么会是这样呢？难道领导干部们不懂得溺爱和放纵自己的孩子会害了他们吗？

隔了个把月又是一个周末，刘怡之发明信片约我去他家吃晚餐，我和上次一样坐了几站公共汽车，步行至圆明园，走进去眼界比上次开阔多了，好像是经过简单修整过的。快到学校大门还发现门外竟然没有一辆小卧车的踪影！这正是放学的时候，三三两两的中学生背着书包往外走，有的推一辆自行车，多数是步行，看他们的穿着和打扮和普通人家的孩子也没什么不同，只是精神略显傲气一些，如不仔细观察倒是看不出来。

晚餐吃的是天津的大对虾和"狗不理"，喝的是茅台和二锅头。刘怡之说，今天我特意托到天津出差的同志买回天津特产，小林爱喝高度酒，这两样东西都管够。

饭桌上我迫不及待地问方春英，怎么今天连一辆小卧车都没见呀？她说，你上次来后不久，我们校长把周总理请来给学生训了一次话，他讲了党的发展史，讲了红军爬雪山过草地的艰辛，八年抗战的困苦和解放全中国的不易，他告诫学生不要躺在父辈的功劳簿上混日子，要继承和发扬革命前辈的艰苦奋斗精神，为新中国的建设出力流汗。他最后严肃地宣布：你们回去对你们的父母亲说，就说是我周恩来讲的，对你们要约法三章：一、思想上不准搞特殊化，不许互相攀比；二、不许动用公家的小汽车接送孩子；三、要尊师重教，不准对师长耍态度，不听管教。哪个违犯了我周恩来唯他是问。他说完后闪着浓眉下那双明亮的眸子，盯着连大气也不敢出的孩子们足足一分钟，才大声问道：听清楚了吗？孩子们齐声回答：听清楚了！

"这不，是真听清楚了！我们请钟馗这一招还真灵！"方春英笑着说。

第二部 横祸

积极上进

政治上要求进步，学习上拔尖，是我在俄院的两大目标，为此我不但刻苦学习，而且热心社会工作，先后担任过副班长、京剧团长、《俄文板报》主编、俄语广播组组长。俄院京剧团一度发展到七八十人，除少数人是来学戏的，都是各怀一技之长的票友，我们曾举办过两次京剧晚会，演出的剧目有《三岔口》《打渔杀家》《武家坡》等，文武场面都齐备，只需在外边租戏箱。我那时嗓子已经倒了，不唱戏，只教戏，演出时负责组织排练和舞台监督。团里给我留下印象最深的同学是沈永年，他黑头唱得很好，是裘盛荣的崇拜者，学裘惟妙惟肖，大学毕业后去了铁道文工团当编导，二十世纪九十年代以来他编导的节目频频在中央电视台播出，侯耀文等明星也多次演唱过他写的相声。

经过真诚的努力，1955年初我被吸收为中国新民主主义青年团，成为一名光荣的青年团员。我把入团看作是人生一个新的起点，从这里出发，我要更加严格要求自己，全面地充实和发展自己，争取尽早成为一名合格的布尔什维克，像保尔·柯察金那样把一切献给党，为党的事业奋斗终身！

正在这个时候，文艺界掀起了一场清查胡风反革命集团的风暴，我是从《人民日报》的有关报道中得知这个信息的。此前我对胡风等人一无所知，也没有读过他的文章，只知道他是左联时期鲁迅先生的战友。如今经过报纸一宣传，才知道他是一个"暗藏在革命队伍中的反革命分子"。出于对党的热爱和信赖，我立刻根据报刊上公布的有关资料，和郭鄂权同学合写了一篇声讨胡风反革命分子的短文，投到人民日报社，两天后此文见报。在这天的政治课堂上，老师特地向同学们介绍了我和我的文章，号召同学们向我学习，把学习革命理论同积极投入现实革命斗争结合起来。她还让我站起来亮了相。刹那间上百双眼睛向我盯扫过来，目光里充满着好奇和钦佩，使我感动不已而又惶恐不安，不过一篇文章么，值得这样宣扬吗？

下课后竟然有四五位同学围着我同我攀谈起来，让我谈写批判文章的体会和感想，其中一位姓王的女同学留到最后与我分手时问我一般在什么地方上晚自习，她想同我一起学习。说这番话时，她的神色充满了诚意和期待，我被弄得不好意思起来，终于还是以没有固定的地方婉拒了她。

年轻人哪，多么容易激动，多么容易轻信呵！

人才济济

大学生活丰富多姿，热烈而又紧张，我感到时间不够用，恨不能每天只睡四五个小时觉。我早晨六点钟起床，晨炼跑步一千五百米后读俄语半小时，早餐后预习当天的功课半小时，上午一般排满四节课，下午间或有两节课。余下的时间坚持打半个小时的篮球或乒乓球，晚饭前做社会工作或参加社团活动。我的社会工作之一是俄文报主编和广播组组长，这是一个很费精力的活儿，从组稿审稿到出版（播出），编辑部有十几个人都忙不过来，还得亲自动手。至于参加社团活动嘛，既调剂了课余生活又能够增广见闻和知识。你只要到学校的告示栏一站就可以捕捉到各种生活信息，比如美术社的人体画展呀，话剧团的"于是之谈演艺生涯"呀，音乐社的"李焕之交响乐知识讲座"呀等；还有的活动竟排在了晚上，如文学社的"曹靖华回忆鲁迅"、文娱部组织的"马思聪小提琴独奏"等。这么好的活动要是不参加会不后悔么？

晚饭后与三两好友一同的散步是必不可少的，因为这既是一种锻炼形式，又是与志同道合的学友交流思想情感的机会。我在俄院的挚友有同班同学武汉老乡胡家华，同年级不同班的同学有陈厚本、田群和胡符镇。陈厚本出身书香门第，父亲早年在法国留学与徐悲鸿同学，获徐赠予不少作品。厚本家学渊源，从小酷爱绘画，有较深厚的画画功底，考进俄院后被选为美术社社长，他有两幅风景素描画被评为1956年全国青年优秀美术作品，中央美院派人到俄院劝说他转学美院，并许以直接升入四年级，陈厚本谢绝了，他说绘画只是他的业余爱好，从事中苏友好的外交工作才是他的追求。

陈厚本还是一位文学爱好者，他读过许多中外名著，从莎士比亚到拜伦、雪莱，从普希金到阿·托尔斯泰，谈起他们的代表作来对其内容谙熟于心，如数家珍。对于法国的著名作家他有自己独特的见解，认为巴尔扎克的《人间喜剧》中的重要作品，如《高老头》《欧也妮与葛朗台》等，其文学价值并不比福楼拜的《包法利夫人》和莫泊桑的《俊友》高，他还认为大仲马的《基督山伯爵》和《三剑客》在作品的结构上和情节的安排上比列夫·托尔斯泰的《战争与和平》还要出色，评论界把大仲马仅看作通俗小说家是不公允的。他尤其欣赏莱蒙托夫的《多余人日记》，认为写尽了多余人心灵的空虚。同他散步时讨论文学是一件很愉快的事情，我们可以敞开心扉坦陈自己对某部文学作品、某种文学现象、某个文学流派的看法，很少受到当时所谓正统的马克思主义文艺理论的约束。文学就是文学，我们并不认为文学一定要从属于什么。好在我们只是两人谈心，没有也无意把自己的想法公开。

田群是从部队文艺团体调干入学的，长我四五岁，为人比较成熟。他是戏剧社的社长，我同他和同陈厚本一样，都是在学生会的社团活动分子会议上认识的。他对戏剧有着较深入的研究，尤其对话剧倍加关注。他二年级时候写了一部独幕剧《是他远离了我们》，发表在国家级的《戏剧月刊》上。该剧反映了一个性格内向且个人主义严重的青年大学生因行为乖张怪癖脱离群众而处处遭受冷遇的不幸的境遇。戏本发表后因其具有一定的典型性受到欢迎，戏剧社曾打算将其搬上舞台，因为没有同学愿意出演"不受欢迎的主人公"而搁浅。

我与田群的交往不太多，不过我很敬重他，我觉得他考虑问题很深入，分析事物很细腻，见解也比较深刻。他同我谈戏剧时旁征博引，常引用大段萧伯纳的《华伦威尔夫人》、奥斯特洛夫斯基的《大雷雨》、莎士比亚的《哈姆雷特》中的台词，言谈间神采飞扬如同身临其境一般。一个人对所钟爱的事业（物）如此痴迷，也是罕见的。

胡符镇又是另一种类型的朋友，他并没有什么特别的爱好，只对翻译情有独钟，他说把外国优秀的文艺作品翻译成中文介绍给中国读者，这就是一个翻译工作者的价值。他，学习了俄语，其任务就是尽可能多、快、好地把苏联的好东西译出来奉献给中国读者。他主动找到我，要同我交朋友，同我合作搞翻译。我其实很忙，但出于好胜与好奇，我答应了与他合作，每周译一篇千字文，选材由他负责。文章译好后他负责联系发表。我们的合作从大二下学期连续到大三快结束时反右开始而被迫停止，其间共翻译发表文章约三十篇，大部分为《北京晚报》采用，也有几篇登载于《光明日报》副刊，所用笔名有胡林、林康等。胡符镇选材的对象主要是苏联的《青年一代》和《共青团真理报》，体裁以散文为主，也有少数诗歌，这些作品都有强烈的政治倾向，笔触却是抒情的，属于思想性和艺术性结合得较好的一类，其基本旋律是歌颂苏联共产党和苏维埃政权，讴歌苏联劳动人民的创造性劳动和美好的幸福生活。胡符镇和我相信，译介这些文章有助于中国读者了解苏联和苏联人民，能够从中汲取有益的营养。当时有一句流行的口号："苏联的今天就是我们的明天"，我们译介活动顺应了时代要求，是很有意义的。所以不管怎么忙，我们都会保质保量的，按时完成翻译任务，有时为了查阅一个资料而专门进城到北京图书馆，当时能够像我们这样敬业的人并不多见。与胡符镇近一年的合作，使我对他有较深的认识：这是一位热爱党和社会主义，热爱生活，学习勤奋，工作认真的好同志。

以上我所提到的几位大学时代的好朋友都是共青团员，都是共产党的追随者、忠实信徒。

意气风发

我复习功课和学习课外知识的时间只能安排在晚上八点钟以后，一直要到深夜十二时，有时还更晚。我的不懈努力很快就见到了成效，听说已基本上无碍，口语提高极快，二年级下学期的一天晚上我奉命陪同苏联专家观看梅兰芳的《贵妃醉酒》即席为她翻译剧情，受到她的称赞。同年11月7日，学校派我出席中苏友协在北京饭店主办的苏联十月革命39周年晚会，那天晚上周总理也亲莅大会了。这是我头一次瞻仰总理的风采，同总理一起观看文艺节目，留下了难忘的印象。

1956年是我生活中的幸运年，这一年我还两次以学生代表身份被学校派往机场迎接外国国家元首访华，一次是在南苑机场欢迎苏联的伏罗希洛夫主席，一次是在西郊机场欢迎印尼的苏加诺总统，因而得以两次近距离的亲近眼目睹伟大领袖毛主席的雄伟身姿和光辉形象。

这两次中共主要领导人都到场了。在贵宾的飞机降落前十几分钟他们就从候机楼出来走向停机坪。我注意到这一二十位中央首长走的是一个雁子形。走在最前面的只有一个人，就是毛主席，稍微靠后是朱德委员长和刘少奇主席，再后一点约半肩之差是周总理，周总理身后两步之远是陈云、邓小平、陈毅等副总理，其余副总理副委员长和元帅等就走在一条线上了。这是一个等级森严的现象，它是礼宾所规定的吧。

我们首都大学生代表的迎宾队伍被安排在最显眼的地方——紧接着红地毯，排成夹道欢迎的队伍。那两次我都是一直把目光紧紧盯住伟大领袖毛主席，他身上像有一块巨大的磁场，使我不由自主地要向他转过头去，其他中央首长还有我们要欢迎的外国客人倒被忽略过去了。尤其是欢迎苏联贵宾的那一次，我们学俄语的学生被特别安排在迎宾夹道的最内层，当毛主席和伏罗希洛夫乘的敞篷车徐徐从我们身边驶过时，我们一边高呼着горячо приветствуем председателя товарища варосироьа！（我们热烈欢迎主席伏罗希洛夫同志）的口号，一边亲手把鲜花瓣抛掷到毛主席和伏罗希洛夫身上，我看见毛主席伟岸的身躯微微闪躲了一下，在满面红光的脸庞上洋溢着慈祥的笑意。这一刻我感到了前所未有的幸福，热泪盈眶，滚滚而下……

1956年是我的丰收年，这一年我第三次被评为三好学生和优秀共青团员（此前旧名为新民主主义青年团），学生党支部组织委员（一位姓丁的女同学）代表组织找我谈话，首先肯定了我的成绩，认为我在政治思想、学习、社会工作各个方面都表现不错，然后问我对党有什么认识，有没有申请入党的愿望，我对这次谈话感到诚惶诚恐，因为我把要求入党看作一件非常神圣的事，它应该是我长期奋斗才能实现的目标，而我入团才一年多，各方面都还很不成熟，哪敢奢望马上入党呢？于是我很诚挚地向她谈了我的想法，最后我说：斯大林同志讲过，（布尔什维克）共产党员是特殊材料制成的；我离党员的标准还差得很远，我愿意努力上进，创造条件，争取早日入党，请组织考验我。她听了我的陈述后交代说，以后要多向组织汇报思想，最好每个月写一次书面汇报，并示意我马上就写入党申请书，可我没按她的意思办，因为我真的觉得自己还不够条件。

互道珍重

也是在这一年的初秋时节，有个星期天我突然收到一张明信片，是曾碧霞写来的，就简单的几句话：我已毕业分配，今日到京，住地质部招待所××号房，盼来一晤。

看了短信我高兴极了，连忙梳妆打扮，特意在理发店用吹风机吹了个西装头，换了一套米色西服，打了一条鲜红的领带，这是我出席重大活动时的行头。两年了，我始终未能忘记莎霞，现在她来了，是出差？是旅游？这次见面我们能重续前缘吗？

怀着惴惴的兴奋之情我急忙赶往东长安街地质部招待所，这时已是下午五时。我正向门房值班人员打听情况，曾碧霞在我身后唤了一声"小林，你好！"我转过身，莎霞正笑盈盈地望着我，很大方地伸出手来，我连忙握住；一股暖流从她那纤柔的小手里淌进我的身体。

我傻怔怔地看着她，她消瘦了许多，可是气色还不错，眸子还和以前一样明亮，我一时不知该说什么好。曾碧霞拉着我走出招待所大门，说道：我们先找个地方吃饭去，边吃边谈。我这才醒悟过来，忙说：这顿饭我请，你初来北京，我是地主呵。

在路上她告诉我，她毕业了，被分配到宁夏，这次来北京是先在地质部开介绍信，然后去西北报到。我听了不啻五雷轰顶，被击懵了！我还以为她就分配在地质部了呢！

我一路恍惚地领着她进了东四一家四川菜馆，气氛很压抑地吃了一顿晚餐，交谈话语不多。我本要试探与她复交的可能性，现在的情况很明显，她只是路过这里，日后远去西北，连见面的机会都渺茫呵。吃过饭她提议逛逛王府井，顺便买几样御寒的衣物，宁夏的冬天肯定很寒冷，在百货大楼她看中了一款绒线帽子和围巾，问我道：你说哪种颜色好？我不假思索地脱口而出：苹果绿！她莞尔一笑，道："你还记得。"

走出店门的时候我小声地问："小曾，你会给我写信吗？"她肯定地摇摇头，没作声。我紧张地问："为什么？"她说，"我要去的单位是地质大队，流动性极大，而且你毕业后会去哪里还是未知数。我们就此告别了吧。"

　　说到此，我们来到了一个公共汽车站牌下，这路车正是往我回学校方向去的。我有很多话要说，只是喉头哽噎着说不出来，我难过极了，曾碧霞约我来就是为了同我作永久告别的吗？我不知道此刻她在想什么，我不能问，问了也不会回答我，我知道她的性格，决定了的事是不会改变的。我只好轻声说道："让我送你回招待所吧。"她抬腕看表，说："不早了，你还要赶回学校，我们就在这里分手吧。"这时一辆车停在站旁，曾碧霞轻推了我一把，说："再见吧，多保重！"我不由自主地跨上车门，向她挥挥手，艰涩地吐出了一句话："再见，我会想你的！"

　　此一别我们再没见过面，连音讯也不通，她过得还好吗？

一见钟情

　　一石激起千层浪，此次同莎霞会面，像一只手拨动了我心中沉寂已久的情弦。尽管我很忙，但还是一静下来就会受到情的冲击，感到有一种愿望在胸中涌动，这是对爱的向往与渴望。在一次周末舞会上，有一个女孩子进入了我的视线，她文雅、恬静，脸部线条柔和，笑起来现出一对浅浅的酒窝，最动人的是她有一双大而明亮的眼睛，当她无意间将目光扫向我时，我像被电击了一样，呼吸变得急促了起来。可当我在一支乐曲终了之际向她走去时却找不见她了，直到舞会结束也没见到她的芳踪。

　　那天晚上我失眠了，我知道我患相思病了。这是名符其实的一见钟情，此前我好像没见过她，当然对她的情况一无所知，是哪个系的？上几年级？芳龄几何？叫什么名字？我既然钟情于她了，怎样才能找到她，找到以后用什么方法才能亲近她，而这些还只是我的一厢情愿，就算我完成了以上的步骤，如果最后她对我说一声："不"，那时，情何以堪？

胡家华像是看出了什么，说我近来精神恍惚，定有什么心事，挤兑着要我告诉他。我就坦白地告诉他了，问他有何良策，他沉思片刻回答说，第一步是打听她的姓名，有了姓名就好办，可以给她写信表达爱意嘛。我接受了他的方案。食堂和舞会，是我实施方案的主要场所。令人失望的是守株虽勤，兔却不见来，时光就在这焦虑的期待中流逝着，几个星期不觉过去了。正在我彷徨无计之际，突然有一天我在食堂的洗碗处看见了她，她正同旁边一位男同学谈话，而那个男同学竟然是我的一个熟人——俄文报编辑部的成员张世鉴。真的大喜过望，大喜过望呵！过了不到一个小时我就从张世鉴那里打听到她的芳名叫张庆珊，翻译专修科二年级学生，与张世鉴同班，住学生六号楼。张世鉴问我干嘛打听她，我支吾其词道还想为俄文报增聘一名编辑，张世鉴露出不相信的表情，我也未加解释。

当天晚上，室友们都入睡后我开始给张庆珊写信，这封信模仿普希金的诗剧《叶普盖尼·奥涅金》中男主角写给塔其亚娜的信，以诗的形式，抒情的笔触，把我从见她第一面起的感觉到苦苦暗恋她几个月来的心情，细腻地无保留地倾泻到洁白的信笺上，情思催动文思，洋洋洒洒足足写了百余行方才打住，不知东方之既白。

我把这封寄托了巨大的热情与希望的信投进了苏州街口的邮筒里，照常规计算，一天后她就能看到这封信，如果幸运的话，她应该在三五天内给我一个答复。果不其然，三天后我收到了她回信，信写得很简单，说她对这件事感到非常意外和突然，她直到现在也没弄明白，我这位追逐者长的什么模样，基本情况怎样。但是她承认我诗中的情谊令她感动，她愿意认识我，同我做一个朋友，并主动约定本周末晚上七点钟在学校足球场的球门架下见面。读完信我欢喜得流下了眼泪，我的内心在呼喊：感谢上苍，我太幸福了！

我们的第一次约会是拘谨的，苍茫的夜幕下我们只能依稀辨认彼此的容貌。她的长相我早已十分熟悉了，而我在她眼中却完全是陌生的，这次见面能留给她清晰的印象吗？我们并排而不并肩地沿着场地周边漫步，互相探问着对方本人和家庭的情况，她说从我的信中她看得出来，我是个有才华的人，学习成绩肯定很好，问我是怎样学习的，除了俄语还学哪些东西，希望今后在学习上帮助她。我此前只是为她的美丽所吸引，现在通过接触发现她还具有好学和纯洁等美德。这也难怪，原来她出生于上海一个高级知识分子家庭，父母亲都是大学教授。

由于忙，大家都不愿花过多时间谈情说爱，我和张庆珊很少约会，一个月只见一两次面，谈的也多是学习上的事。在情感上我们没有更深入下去，彼此没有许诺什么也没有肯定什么，好像不约而同地有一个默契：听其自然发展，一定会水到渠成。谁也没想到，就这么个简简单单的善良愿望竟然会成为镜中之花，很快就被不可抗拒的外力所摧折，留下终生的遗憾。

返乡探亲

1956年暑假，我回了一次武汉，此行的目的是探视在汉口的两位姑妈和在武昌读书的妹妹。此期间表姐叶诤带我去××里看望时分别任武汉市副市长和市妇联主席的唐午园、李冬青夫妇。叶诤告诉我，唐家兄妹只有三姐万里在汉，其余都在外地工作。见不到大哥和其余姐姐们当然感到遗憾，但可以见到我儿时最喜欢的三姐总是一大幸事。可是太不巧了，我在唐家一直捱到吃午饭三姐也没回家，而平时据说她总是同父母共进午餐的。我见唐伯父唐伯母要午睡了只好告辞，唐伯母命司机用小车送我们回南京路的住处。

从前我不相信缘分，现在回过头来看历历往事，发现人世间确有缘分存在，人与人之间仿佛注定了似的，相处和过从都有定数，少不了也多不了，增与减都是强求不来的。至于"百年修得同船渡，千年修得共枕眠"之说，则是无法证实的妄语。

这次的故乡行，我是意气风发，踌躇满志的，学业上已初有成效，系里内定我毕业后保送去苏联读国际关系副博士学位；政治思想上我的进步也很突出，组织上表示将发展我入党。

故乡的亲友们也都十分看好我的前途，夸赞我少年得志，聪明能干，奋发有为。

其实，这个时候，在我身上已滋生了一种非常不好的情绪：骄傲自满。在一帆风顺的环境中我忘记了谦虚谨慎的古训，忘记了祖父亲定的"清慎"家箴。我被微小的成绩冲昏头脑，由开始的自信变得自大起来，以为自己很聪明，不会犯什么错误，不知道自己非常无知，非常渺小，非常可笑。

在武汉只待了短短十天就回北京了。我是怀着迎接丰收的心情回北京的，可等待着我的却是一场空前的、万劫不复的灾难。

整风代表

转眼间1957年的春天来临了。开学不久同学们中间就流传着一些令人不安的消息，一个是中苏关系开始恶化，将直接影响我们未来的毕业分配；一个是东欧的匈牙利事件波及我国政局，据说有人公开提出废除共产党一党专政。学校党委按中央的统一部署，组织学习《论无产阶级专政的历史经验》，同时号召全体师生帮助党整风，即整顿主观主义、教条主义、宗派主义。各个系都成立了整风办公室，召开学生代表座谈会听取对党委和学校工作的意见。我被选为学生代表出席了两次座谈会，从而自觉不自觉地卷入了一场灾难性的政治旋涡。

事情的经过是这样的：

×月×日晚自习时间，各班选举学生代表，我因对整风的热情不高，所以没有去教室开会，留在寝室里学习。八点钟左右同班的两位同学到寝室来叫我，说是同学们一致选举我当代表，说能够完全表达同学意见的非我莫属。听了夸赞我的话，我感到很受用，但还是想推辞，可催促我去教室的第二波人又到了，这次来的人更多，一共四位，他们说同学们都说你是众望所归哩。这句话产生了效力，我觉得同学们如此器重我是我的光荣，只有听从他们的意愿才不负厚望，于是到教室去了。走进教室的时候还赢得了一片掌声。就这样，我当了帮助党整风的学生代表，被同学们推上了发言席。他们哪会想到，这不是爱我而是害我，是让我坐到了火药桶上。

尽职尽责是我做事的一贯作风，当学生代表当然也不例外。去整风办公室开会之前，我利用下午活动时间在班里开了两次座谈会，收集意见，记录了密密匝匝几页纸。绝大多数是些鸡毛蒜皮的琐事，比如厕所管理不善，香水洒得不够啦；图书馆和阅览室晚上11点钟关门太早啦；洗衣房常常出错啦；等等，不一而足。真正沾点政治边的意见不多，也有几条，当时并没注意到它们会是致命的！其一，有位同学说，有天课间他在教室黑板上随手划了几行字，没成想被某位同学掐头去尾只剩下了"中-华-民-国"四个字，然后把此事作为阶级斗争的重大发现汇报了上去，惊动了保卫部门找他谈话，吓得他背了好长时间的思想包袱。他气忿地说：打小报告的告密者可恶，学校保卫部门不察可叹。

其二，有位同学对彭真同志不久前在对党团员内部的一次报告有看法，这个报告通报说有些民主党派的头头们在匈牙利事件后蠢蠢欲动，妄图同共产党平起平坐，"轮流坐庄"。这位同学说"彭真同志在公开场合对民主党派领导人礼敬有加，可在背后却说这样的话是不是有些表里不一？对人家缺乏真诚？"

在党委召集的代表座谈会上，我把收集到的这些意见无保留地讲了出来，同时加上了一条我自己的意见，那就是党委宣传部长于一夫同志命令《俄文板报》缩小篇幅让出一些版面给学生会，而我们现有的版面还不够用呢，我认为其作风专横，缺乏民主。

座谈会开过后，我就把这件事置之脑后了。五七年春夏之交，为响应帮助党整风的号召而兴起的大鸣大放之风，搅乱校园的平静，有人提倡到北大、人大参观大字报，回校后校园就出现了铺天盖地的大字报，大字报的作者不仅有个人，而且有团体和组织，其中最突出的是《破冰船》《春潮》《民盟俄院支部》。《破冰船》的主要负责人是位同学，名叫乐进敏，女，山西人，有辩才，她曾来《俄文报》编辑部串连，提出与我们共同发起搞一次论坛，辩论的题目是"中苏交恶，学俄语的过剩，该怎么办？"据她说，这个问题她们向党委提过，请求允许同学们自由转系，可以在学院内部转，也可以由院方出面联系转到外校，可是遭到党委拒绝。乐进敏说，这可是一件关系到我们切身利益的大事，不造声势给党委施加压力是不会有结果的。听了她的一番话我表示愿意参加这个论坛，因为我认为这是一件关系同学们前途的大事，如果不预先拟出解决方案，就会使同学们贻误大好年华。从国家的角度考虑，这个问题也是值得重视的，国家培养一个专业人才很不容易，花了那么多钱结果学不致用，岂不是巨大的浪费？

自由论坛经过一番筹备后，在大饭厅兼礼堂举行，我上讲台发表了自己的看法和意见，并恳请院党委和高教部接纳我们的要求，妥善解决俄语专业同学的转学转系问题。为了增强发言的分量，我直接呼吁高教部长杨秀峰不要犯官僚主义误了广大同学的青春，我的发言博得经久不息的掌声，但也有人上台加以驳斥，说我哗众取宠，是煽动同学给高教部和院党委施压，还说这次的论坛本身就是无政府主义的行为，是非法的。

论坛召开后过了一段日子党委一直不就此问题表态，而由学生会写大字报安抚同学们，说俄语人才不会过剩，可以安排到中学当老师。此议一出群情哗然，说学生会完全不为学生说话，当初招生明确讲培养外事人才和部分高校教师，现在全不兑现了。个别同学激动之下提出要去国务院请愿，居然聚集了几十人的队伍。我是坚决反对请愿的，认为这是对人民政府的不尊重和不信任，而且这是一种过激行为，容易被坏人所利用。我以学生代表和《俄文报》主编的身份公开发表了上述意见，事后了解到在我所联系的范围内没有人参与请愿。

　　就这样，由党委亲自动员起来的大鸣大放帮助党整风的运动迅猛开展起来，除了上课几乎所有的时间都被运动占用了，人们不知道这场运动究竟要达到什么目的，也不知道那么多口头的书面的意见和各种抨击时政的言论究竟是也，非也，绝大多数人都陷入了迷惘。那些日子我自己以为是清醒的，我在日记本上清楚地写着，我有三条根本原则绝不违背：（一）共产党的领导；（二）社会主义制度；（三）共产主义道德。我反对"请愿"，反对废除所谓"一党专政"的言论，反对《民盟俄院支部》的行动纲领，反对"轮流坐庄"，我觉得在大是大非面前，我的政治立场是坚定的，所以我的内心是坦然的。

反右骨干

　　六月初，《人民日报》发表题为《这是为什么？》的社论，吹响了反右斗争的号角，从此百家争鸣的局势急转直下，除声讨、批判、反击右派分子的言论和文字外，其他声音全部销声匿迹。

　　俄语学院在党委领导下成立了反右办公室，下设四个反击右派言论会场，这些会场是平时上大课的四个大教室，我有幸被系党总支当作反右斗争的骨干指派为第三会场的主要发言人之一。这是一项很繁重的工作，我们每天要在反右办公室领受任务——批判哪些言论，然后分头准备，拟好发言稿，交由系党总支审批。开批判会前还要出海报预告批判的内容。为了证明我们是以理服人的，会场上允许被批判的对象申辩，由于批判的内容有许多是带有理论性的，因此准备工作必须做得非常充分。

在三大教室工作了一个月左右，我的神经处于高度紧张、亢奋状态，有时为了驳斥某一个右派观点，我得查找资料、引经据典，不仅如此，为了吸引听众增强战斗力，我得讲究语言的逻辑和文采。这样，一次发言就要写出近万言的文章，而准备的时间最多不超过三天。尽管很紧张，很劳累，但我是高兴的，因为我认为我是在保卫党，保卫社会主义，也是在接受党和人民的考验。

在我和另外几位同学的努力下，三大教室的工作开展得有声有色，每天的批斗会都座无虚席，我们对重要的右派言论，如污蔑党的领导是"党天下"，主张搞所谓的"轮流坐庄"，要求越过人大另组什么"政治设计院"等言论的批判，观点鲜明，言辞犀利，驳斥有力，不时赢得听众阵阵掌声。

晴天霹雳

正当我陶醉于自己取得的成绩之时，突然接到党总支的一个紧急通知：停止我在三大教室的工作，让我反省自己自鸣放以来的表现。这突如其来的通知不啻一声晴天霹雳，把我击晕了，毫无思想准备的我，根本不知道发生了什么事。我向通知我的总支办公室干事问道："这是为什么？"他摇摇头，道："我也不清楚，你照办就是了。"

这次谈话之后，我觉察到同学们对我的态度有些异样，不是有意躲着我就是用游移不定的目光瞟我，好像我身上长了个什么怪东西似的，我的疑团很快得到了解答。几天后的下午，班里通知我到教室开会，不得缺席和迟到。在规定的时间我走进教室，里面已坐满了人，脸上的神色都怪怪的，没有一个人向我打招呼，也没有一个人正眼瞧我。我朝黑板望去，上面用粉笔写着：揭发与批判林慕荆右派言行！黑底白字，我不得不相信自己的眼睛！我感到一阵晕眩，赶快在就近的课桌后坐下来，心里一遍又一遍地说：这是怎么回事？这是怎么回事？

有组织的声讨在团支部书记主持下开始了。他的开场白使我感到吃惊：林慕荆近一段时间以来，打着帮助党整风的旗号，大肆贩卖右派言论，并且伙同其他右派分子组织所谓自由论坛，借社会上"学俄语过剩"的谣言兴风作浪，制造混乱，煽动群众向党委施加压力，性质恶劣，影响极坏。现经党委研究决定，自即日起将林慕荆交由群众揭发批判。希望他本人认清形势，坦白交代自己的右派言行，争取获得宽大处理。

使我感到吃惊的是，团支书一开始就给我定了性，给我扣上了"右派"的帽子，而且，所用语言完全是敌意的，是必欲置之死地而后快的！这是我无论如何无法接受的，他的定论与我的初衷截然相反，我认为我是革命的左派，几天前我还代表反右办公室站在批判右派的讲台上，痛斥右派的反动言论，为党的社会主义事业而战斗，今天却被人推到对立的地位，由党和社会主义的卫士沦为反党反社会主义的敌人，天下还有什么比这更残酷无情更荒唐可笑的吗！？

我的神经险些被击垮了，但是理智告诉我，我不能自甘毁灭，我要捍卫自己的名誉和尊严，我要向党委申诉，用事实来洗清自己。我希望党委与我之间只是有点误会，说清楚了也就烟消云散了。

抱着这种幼稚的信念我参加了对我的批判会。

会场气氛并不热烈，同学们的发言大多是炒现饭，将主持人的话重复一遍。出现最多的词语是"没想到"，比方："没想到林慕荆会是个表里不一的人。""没想到他一贯表现不错竟是假象。""要说林慕荆散布右派言论向党进攻，那是怎么也没想到的。"这说明什么呢？要么，同学们的确不相信我会是右派。要么，如党委和反右积极分子执意认定的那样，我是一个隐藏极深的右派。唯其如此，才更可怕！

开会开了三天，说来说去，就那么几个问题被抓住不放，无限上纲。一、组织自由论坛向党进攻；二、污蔑宣传部长于一夫搞"专制"；三、污蔑杨秀峰部长是"官僚主义者"，大笔一挥浪费了多少同学的青春；四、攻击彭真同志虚伪，对民主党派不是以诚相待。

我申辩说，你们不能把我在论坛和座谈会上的讲话掐头去尾，断章取义，攻击一点，不及其余。我对转系风波的态度是鲜明的，主张向党委呼吁，反对上街，反对去国务院请愿。至于在座谈会上的讲话，基本上是转述同学们的意见，而且我这个"代表"是同学们三番五次选出来的，不应将向党委提意见归罪于我个人。

我的申辩没有用，反而被斥为"态度恶劣"。我迫于无奈，只好承认自己犯了错误，言行有些偏激，愿意接受同学和组织的批判。

揭发批判会冷冷清清收场，最后一次会主持人请一直沉默不语的女生们发言，她们小声商议了一下推举了年龄最大的宫雨香同学发言，她以悲天悯人的口气说了一句话："林慕荆犯了这么大的错误，一失足成千古恨，真叫人惋惜。"

那天晚上，我从信箱里拿到张庆珊写给我的一封信，也只有一句话："林慕荆同志，希望你好好改造思想，再见。"

　　这是意料中的事，但没想到来得这样快。可以想见，我被揭发批判的消息已经传得全院皆知了。后来我才知道，学院在饭厅旁边辟了一个"反右快讯专栏"把每天各系揭批右派言论的战况公布于众，我迟迟不察是因为自从被冤屈挨批以后觉得无脸见人，整天不是躲着不出来就是低着头走路，没见到那个专栏。告诉我这件事的是好友之一的胡符镇。

　　我被揭批之后，心灵受到的伤害只能用"痛不欲生"四个字来形容。这场瞬间降临的灾难，将我对未来一切美好的憧憬和追求都毁灭了。今生今世，活着还有什么意义呢？

　　一夜之间，你就变成了反党反社会主义的、共和国和人民的敌人，变成了丑恶的社会渣滓，你还有何颜面活在世上呢！

同病相怜

　　我想到了自杀，于是每晚夜深人静之际独自踯躅于紫竹院湖畔。那里一般晚上十点钟以后就罕有人至，有天夜里十一点多钟我正在湖畔林间席地而坐，忽然有人在背后推了我一把，没等我回过头去来人便坐到了我身旁，低声唤了一声"林慕荆"，"是我，胡符镇。""哦，是你，你怎么来了？"我茫然应道。

　　"和你一样，同病相怜。"他的声音有些嘶哑。

　　"我被揭批的事你知道了？"我问。

　　"反右快讯专栏登了好几天了，你还不晓得？"他反问。

　　我沉默。

　　"我和你一样，栏中有名。"他叽咕道。

　　"为什么？"

"说我有一次在班里赞扬大鸣大放是发扬民主的好形式，平时同学们有意见也不敢提，怕受到打击报复。说我污蔑党团组织压制民主。"

"你是说过这些话吗？"

"我也记不清了。你不提意见吧开会鼓励你提，还千方百计启发你；你真提了，又说你是向党进攻，抓你右派。这成什么世道，还讲不讲理？"他恨恨地说。

沉默了一会儿胡符镇指着俄院稀疏的灯影问道：

"林慕荆，你爱俄语学院吗？"

我觉得这个问题挺古怪的，没有回答。

"以前我爱，现在我恨！"他自言自语道。

我望着他表示理解。

"我的事业还没有开始就被毁灭了！我是个共青团员，可硬要把我往共产主义的叛徒位置上推！我栽倒在俄语学院的院墙里，我不恨这个地方吗？"他用手对俄院划了一个大圈。

我紧紧握住他的手，小心地问道：

"你今后打算怎么办？"

"本来想到死，但又不甘心，活下去，再看……你呢？"

"我？没想好，还不知道学校会如何处理我们，我还对党委许诺的"思想批判从严，组织处理从宽"抱一线希望。只要不把我划到右派分子行列去，要我干什么都成，我可以从头再来，用行动证明我是革命的。"

胡符镇冷笑道：

"你太幼稚了，到现在你还没看清楚这场所谓的整风运动究竟要达到什么目的吗？"

胡符镇没说错，我是太幼稚了。

一网打尽

　　过不几天放暑假了，学校领导什么也没说，下一步反右运动如何搞谁也不知道，我这样挨批的人也允许回家。我怀着忐忑的心情回到太原，父母亲关切地问起反右情况，我撒了谎，向他们隐瞒了事实真相，我怕他们受不起打击，他们原本对我寄予了莫大期望的呀！

　　假期里读了两本书：但丁的《神曲》、塞万提斯的《堂·吉诃德》，想让绷得太紧的神经得到一点松弛。余下的时间就是读报。太原一中的阅览室假期依旧开放，那里订有各种报纸，我最关注的是《人民日报》《光明日报》《文汇报》《文艺报》，从这些报刊可以及时了解全国反右斗争的形势。

　　这不，每天都有惊人的新闻：今天揪出大右派丁玲，明天点名批判老右派冯雪峰，而他们昨天还曾是老资格的左翼作家和忠诚的共产党人。随着《文汇报》《光明日报》的被批，一大批著名民主党派人士如罗隆基、章伯钧、龙云、曾昭伦等人也由昔日的共产党盟友变成了反党反社会主义的右派！

　　看了这些新闻报导，我的心理状态稍微有了变化，变得较有承受打击的能力。我的想法很简单：那么多声名显赫的大人物难道真的都是坏人吗，如果不是，那他们受到的冤枉不比我更深更大吗？他们都承受得起，我为什么承受不起呢？

　　暑假过后回到北京，我怀着最后一丝希望走进了学校：党委可能会念我入学三年来一贯表现不错——年年的三好学生、优秀共青团员、肃反运动的积极分子、优秀学生干部，不把我划到右派行列。

　　开始上课后各年级以学生党支部为单位，还开了几次批判大会，主要由被批判对象作自我检查，对态度不老实的人群众还要给予帮助，直到过关为止。

我们班在开会前，一位名叫张世清的党员同我谈话，他非常诚恳地对我说，"上学期你的态度不好，组织上意见很大。现在到了关键时刻，下一阶段就要进行组织上处理了，如果你认罪态度好，就有可能得到宽大处理。"我说："怎样算认罪态度好呢？"他讲："就是要认识深刻，把错误言行的实质提高到反党反社会主义高度，承认自己鸣放期间同右派分子站在了一起。"我抗辩道："可这不是我的意愿，不符合事实呀。"他沉思了一会儿，很谨慎地说道："我个人也不认为你主观上要反党，可客观上造成的影响就是这样的，你不承认不行呵，你承认了反倒可能得到宽大。希望你三思。"谈话结束时他叮嘱我道："我同你的谈话内容不要对任何人讲呀。"我会心地点点头。

1957年的国庆节来临了，校方宣布所有受到揭批的人一律不许参加天安门的庆祝游行，留在学校打扫卫生。

9月30日下午5时，我们这一类人员奉命到大教室集中。我心情沉重地拣了个角落坐下来，偷眼向四下瞟过去。好家伙，能容纳400人的大教室几乎坐满了！更叫我惊讶的是许多过去在开表彰大会的时候经常见过的熟面孔，现在在这种场合又见到了，他（她）们中几乎包括了所有各大社团的负责人和学生会的几名部长。曾几何时，在座的大多数人是各系的活动骨干、积极分子，而今他们却归入了另册，取消了连普通老百姓都有的参加国庆游行的资格！

在这里我又见到了陈厚本、田群、乐进敏这几位社团骨干和学生会付主席李玄耳。起先我还以为李玄耳是党委派来监督我们劳动的，后来才知道他也是我们这个名册上的人。这个人太富戏剧性了。他是一位调干生，入学前任江苏省镇江地区团委书记，上学后当选为学生会副主席。在少数同学因转学问题闹着去国务院请愿时，党委派他加入那支队伍，以便从内部掌控其行动，保证不使出轨。李玄耳作为一名党员，临危受命。请愿风波过后，为啥把李玄耳也当作了肇事者就不得而知了。在那个特殊时期，连自己的事情都理不清楚，哪里还有闲情探究他人之事呢。

10月1日。我们劳动了一整天，打扫了全校的楼道、厕所。尽管大家都是另类，可彼此都寡言少语，毫无心绪。要说这一天有什么特殊意义的话，就我而言是又稍稍增强了一点心理承受能力，因为我知道在俄语学院不只是我蒙受着不白之冤，与我有共同遭遇的还有许多优秀同学。

昔日的精英几乎一网打尽！

国庆节是一个分水岭，之前我还抱着"幸免于难"的侥幸心理；之后，我完全绝望了，接受最后的判决只是个时间问题了。

最后审判

1958年早春二月。这一天终于到来了。晚自习时间，班里由团支部和班委会联合召开了全体同学会议。首先团支部宣布学院党委对我的处分决定。鉴于我的右派言行情节一般，但态度恶劣，决定定为普通右派分子，行政上给予留校察看。接着又宣读了团委开除我团籍的决定。念完文件后主持人补充解释说，按政策规定，右派分子划为两级，严重的划为极右，一般的划为普右，极右一律开除学籍送劳动教养，普右则保留学籍以观后效，认罪好，有悔改表现的，还可以修业期满后分配工作，但不发毕业文凭，文凭要等改造好了，摘掉右派帽子后补发。

主持人讲完以后，让同学们发表意见和感想，好像事先有所准备，发言者异口同声地说，从我的堕落成右派可以看出资产阶级个人英雄主义是青年成长的大敌，从资产阶级个人主义到资产阶级右派分子只有一步之遥。注意克服和防止资产阶级个人主义，树立集体主义，听党话，跟党走，是应吸取的教训。他们还举了外校的例子，据说人大法律系有个女生叫林希翎的，狂妄到攻击共产党不懂得依法治国。据说青年作家刘绍棠因为资产阶级个人主义极度膨胀，声言要为三万元稿费而奋斗，写出了反党反社会主义的作品云云。

最后一道程序是让我本人表态和在处分决定上签名盖章。

虽然我对这一天已做了充分的思想准备，但它真正降临了还是有如临深渊的感觉。我流泪了，为灰黯的前途而哭，为失了心爱的组织而哭，为挣脱不了的冤屈而哭。这时，不知哪来的一股勇气支撑着我站起来说了一句不合时宜的话："我同意组织上对我的处理，但是我要声明，二十年后再看，究竟我是不是革命的！"说完，我提笔在处理决定上签了字。这一幕颇有阿Q临处决前说"二十年后又是一条好汉"的味道！

冬日阳光

自从正式宣布我被划为右派分子以后，我基本上过着与世隔绝的生活。没有人同我讲话，没有人同我接触，甚至没有人同我点头打招呼，熟人见了面也视若无睹，形同陌路。其实如果真有人愿同我来往我也会自觉地规避，因为我已经强烈地意识到自己的身份属于贱民一类，无论走到哪里都应自惭形秽。

正在这个时候，却有一个同年级的女同学走进了我的生活，她的名字叫欧阳红，她给我写了一封火辣辣的信，表示要交我这个朋友。起初，我惶恐地规避她，明确告诉她我的右派身份和黯淡的前途，交我这样的朋友是不可能有好结果的。但她却执着地要同我好，告诉我，她不相信我是坏人，因为她曾长期观察过我，从大一就开始注意我了。哦，这真是个有心人！我在收到她第四封信后被深深感动了，于是决定同她见面。

在约定的日子，我们在北京动物园见面了，原来她与我在刚入学第一次分班时同过班，后来她分到了别的班。她见到我的第一句话是："别灰心，困难的日子会过去的，让我们交朋友吧。"我感动得流了泪，但是我不得不拒绝她的好意，我说："我不能拖累你，所以只能做一般朋友。"她坚决地说："记住，我不会放弃你，会等你到冤枉被洗刷的那一天。"

毕业分配前的几个月，欧阳红隔不多久就要同我约会一次，每次相会都是她说得多，她安慰我，鼓励我，希望我振作起来，争取早日甩掉右派帽子，过上正常生活，前途依旧是光明的，等等。说心里话，她所给予我的温暖是可以用冬日的阳光来形容的。

她毕业后去了山东，我去了山西，尽管我曾信誓旦旦地答应她到了具体的工作单位后会设法同她联系，可我还是狠心地失信了，因为，只要我还是一个有良知的男人，我就不应该害她这样纯真而善良的人。我已经失去自由了，我不能把她也绑在一起，她应当是自由的。我为她祈祷，为她祝福！

第三部 挣扎

发配山西

1958年8月上旬的一天，北京的炎夏骄阳似火，北俄一辆满载应届毕业生的校车，驶进了前门火车站。

大约三十余人从车上走下来，这次分配去山西省的同学，领队的是位女同学姓党，共产党员，操一口山西口音的普通话。离校前党委副书记桥岗告诉我们说，师范翻译系的几百名毕业生因中苏关系恶化，预定的培养计划失效，上面决定将把我们分配到全国各地中学教俄语。我们这支去山西省的队伍只是若干个这样的队伍中的一个。大家的心情是复杂的；被划了右派的人把这次分配看作是不幸中的万幸，不管怎么说，有个糊口的去处，总聊胜于无吧。没入另册的人对于这次的分配纵有万千个不情愿也不敢行之于辞色，毁誉就在身边嘛。所以一路上大家都绷着个脸，毫无笑容。

次日中午，列车抵达太原。这是我第三次来了，此前我也来过两次，都是为了探亲，这次是要在山西长期呆下去了，说不定就此老死于斯呢，不是流传着这样一句民谚吗："娘子关好进难出"。

山西省教育厅派人把我们接到政府招待所住下，说是明天公布下一步分配名单。当天晚上领导召集我们宣布了两条纪律：一、今天不要单独行动以免走散了不好联络；二、明天的分配是个别谈话，事后不要打听，不要议论，要绝对服从组织。

　　果然，第二天吃过早饭我们一行被领到教育厅会议室集中，然后挨个被人事部门召去个别谈话，告以分配到哪个地区或市，然后例行公事地问有什么意见，接着便开介绍信和发放路费。三四十号人一个上午就分配完了，回到招待所悄悄一打听，便知道了个大概情况：太原市和大学，一个不留；到了下面地、市一律先到教育局报到。后来才知道，太原市还是留了一个，她就是我们的领队，去了太原工学院。

　　据山西籍的同学介绍，山西省是个苦寒的穷困省份，按经济发达的程度划分依次为晋南，晋中，晋东南，除晋南外，粮食供应以粗粮为主，最穷的地方全年只能吃上几顿白面。所以我们这次分配到山西工作的，能去晋南便算是拿到了上上的签。有个北京籍的同学个别谈话后当着大家的面就哭了，原来他被分配到了雁北。而我，却幸运地分配到了晋南，这是不是上天有好生之德，对我这个不幸的人特别眷顾呢？

　　晚上我向领队请了几个小时假，回到家看望父母弟妹，顺便告诉他们我被分配到晋南，和家庭同在一个省了。在回家的路上我凭想象设计了父母亲可能与我的对白。我估计他们一定会问我怎么不去苏联留学了？怎么不分配到外事部门工作了，当初招生简章上不是明确地写着要培养外事人才吗？即使外事方面供过于需，怎么连高校也不要人吗？那你这个大学不是白上了吗？如果你不上大学，而在中纺部工作不是比到山西教中学强十倍吗？我怎么回答他们呢？当右派的事，我瞒着他们一直不敢揭穿，对他们的疑问我说不出一个圆满的理由，只能推脱说这是当前政治形势的需要了。他们信也好，不信也好，我无可奈何，只能走一步看一步，只求他们不要因我受到伤害就行了。

唉，做人难，做人子也难呐。

回到家会见家人时的情景和预计的相差无几，出于我意料之外的是，父母亲听了我被分配当中学教员的解释后没有过分强烈的反应，也许是因为他们经历了数不清的政治运动已经对大起大落的事情见得多而不以为怪了。

选择平陆

我按照规定只在太原呆了两天，于第三天的傍晚和冯健杰等四个同学登上南行的列车。翌晨拂晓车到临汾，我们立即赶赴临汾市教育局。门房值班的老汉为我们开了门，验看了我们的介绍信，很客气地说："现在还早，没到上班时间，我先领你们到招待所休息休息。"招待所就在教育局大院内，转过一个照壁，跨过一个院落就到了。这是一排平房，砖木结构，墙灰大部分脱落，显得破旧。门房老汉推开一扇门叫起一个值班人员，让他安排我们地方休息。那人打着哈欠领我们走进一个房间，探头看了一下，对我们说："这一间还有几个空位，你们将就着休息一下吧。"

我们四个鱼贯而入。一股浓烈的汗酸臭和脚臭扑面而来，我感到一阵恶心，差点吐出来。这时天已大亮，原有的房客正在起床。房间里东西靠墙两排大炕（炕上可以并卧客人，每人约占位一米宽，这就是所谓的铺），中间的过道宽不足两米，顶头窗下摆了几张桌子，上面放着一个水瓶和几个杯子。全部的就这些设备。我眼前出现的是一片白晃晃的肉体，原来坐在炕上的和已经下了炕正在穿衣裤的都光着身子，隐私处一点遮挡都没有。虽然我与他们是同性，虽然我曾在澡堂的浴池里见过这种赤身裸体的情景，但是换了个名为"招待所"的场合，还是感到非常尴尬。当时我并不知道裸眠是当地的习俗，男女都一样。若干年后，我从本地人口中得知这一习惯，却仍然不明白为什么会是这样。直到今天我还在质疑：如果人们在睡眠时突然发生意外事件，比如火灾、地震、抢劫，那该怎么办，就这样裸体逃生吗？

上班时间到了，我们被领到人事科办公室，接待我的是一位中年女同志。她看了介绍信后拿出一个记事本查看了一下，对我说："咱们晋南还有三个县的中学需要俄语老师，"她用指头在本子上比划着，"一个是闻喜中学，一个是稷山中学，还有一个平陆中学。这几所中学都是今年才办的高中，也是从今年才开始开俄语课，你们从北京来，咱欢迎得很。"

"您打算把我分配到哪个县？"我问。

"这几个县的条件都差不多，你可以任选一个。"

我的脑子飞快地转着，心想：闻喜闻喜，闻过则喜。我现在的处境还喜得起来吗？稷山，稷山，社稷江山之意吧？我如今身入另册，江山与我何干？平陆，平陆，平坦的陆地之谓，也许我下半辈子能得此平坦之地安身便心满意足了。

"我去平陆吧。"

"那好，我这就开介绍信，上午有一班车去风凌渡，你从那里再渡黄河回平陆县。"说着她站起身指着墙上的地图对我介绍去平陆的路线，然后给我开了去平陆县教育局报到的介绍信。

黄河赋诗

于是我又乘坐了几个小时火车，于下午五点钟左右来到与平陆县隔河相望的灵宝渡口。在等候渡船的时间里，我坐在黄河边的小山坡上，遥望着脚下滚滚东流的黄河，在夕阳的映照下，它奔腾咆哮，浊浪滔天，声势浩大地拍击着两岸，发出阵阵轰鸣。在同渡的本地人指引下，我看见对岸下游回流处有不大的一片建筑，那就是我将要工作和生活的平陆县城。县城四周稀稀疏疏点缀着几丛树木，余下的便是一望无垠覆盖着黄土的山丘和高原。

此时此刻心头蓦地涌上一句话：君子登高必有赋。既然来到了这穷乡僻壤，只有同命运做一番争斗了。为了将此刻的心情记录下来作为纪念，我吟哦起几节诗句：

黄河，你好，勇敢的骑士，

你夜以继日，奔腾不息，

任高山遮挡，险滩阻拦，虽曲折回还，毕竟东流入

海……

黄河，你好，光荣的骑士，

你曾经有负民族的希望，

在抗日战争的艰苦岁月，

凝聚起万千优秀儿女

向着帝国主义势力发起冲击……

黄河，你好，骄傲的骑士，

你哺育过中华民族古老的文明，

而今，你正谱写着新的篇章，

你不会被人们忘记，

你将永远流淌在中华儿女的心上……

渡船开航了，河上开始起风浪了，木船时而被波涛推上浪尖，时而又被抛于谷底，风愈刮愈紧，浪愈掀愈高，在惊涛骇浪中穿行，全船的人紧张得连大气都不敢出，个个抓紧了身边的座位。此时艄公却从容地把住舵，目光炯炯地直视着前方，一边指挥几名水手操作着桨和篙。看着他古铜色的脸上那种坚毅、刚强和自信的神色，我的心弦松弛下来了。

据说，当年红军东渡就是从这个渡口过的河。啊，我也算沿着红军的足迹走了一回吧。

平陆不平

渡船平安驶抵对岸时，夕阳收尽了它最后一抹余晖，天色昏暗了下来。我跟随着一个干部模样的中年人走进城关，向他问明了县教育局的地址，便沿着一条青石板铺的路向前走去。平陆县城非常窄小，同南方的一个乡镇差不多，走不多远就见到一座四合院式的平房大门外挂着平陆县教育局的牌子。我向门房道明了来意，他热情地把我领到一间钉有人事股牌子的屋前，我推门进去，见这间屋子既是办公室，又兼卧室，办公桌后就是一张行军床。已经过下班的时间了，屋里亮着一盏日光灯，办公桌后正端坐一个约摸三十来岁的男同志。

"你是……？"他抬头打量我一眼，问道。

"我是分配到这里的学生，这是我的介绍信。"

他接过介绍信看了一下，神情凝重地说道："我们已经接到地区教育局电话把你的情况作了介绍。咱们进行了研究，决定先派你下农村劳动锻炼一段时间，然后去平陆一中教书。"他停顿了一下，示意我坐下来，接着说："劳动的事也已经安排好了。县委和县人委组织了一个下放干部劳动锻炼队，驻地在张店公社后滩大队，队长姓张，你就去那里劳动。"他又停顿了一下，递给我一杯水，续道："你是犯了错误的干部，按党的政策作为人民内部矛盾处理，所以下去以后政治上享受下放干部同样的待遇。至于生活费嘛，按统一规定，每月26.5元。情况就是这些，你有些什么想法可以讲一讲。"看得出来，这是一个心地善良、性格温和的人，丝毫没有城市里某些干部的那种盛气和跋扈。我原以为他了解我的情况后会以教训的口吻同我谈话的。我在感受上轻松了许多，不由轻声问道："可以问一下您贵姓吗？"

"免贵，我姓张。"

姓张，这是中国人最普通的姓，但他是我到平陆后接触到的第一个农村干部，他给我留下了淳朴、和善的印象，一个落难的人最在乎的不就是别人的脸色和态度吗？于是我记住了他。

平陆县的交通十分不便，除了少数几块不大的平原，到处是山峦、沟壑，后来我才听说晋南有这么个说法：稷山无山，平陆不平，可笑我还以为稷山有山，平陆平坦呢。从平陆到运城有一条泥土公路，下雨下雪就不通汽车。交通工具不管运货还是载客，都是敞篷卡车，尤其张店——运城那一段，汽车行驶在悬崖峭壁旁，下面便是万丈深渊，令人心悸不已！修柏油马路，通带车厢的公交车是十年后的事了。

教育局的张同志真不错，第二天就给我联系到一辆去张店公社的拖拉机，一直把我连行李带人送上了车，还向司机交代说："路上照顾着点儿，他是刚从大城市下来的，怕不习惯咱山里的路。"

拖拉机一路颠簸，差点把我的肠胃翻出来。那位拖拉机手还真不负张同志所托，路上停了好几次车，让我休息休息。这个好心人也着实叫我感动了一番。

后滩劳动

车到后滩大队时，太阳偏西了。路口有一高一矮两个壮实的汉子，见到我便问："你是老林同志吗？""同志"？自从划右以后除了陌生人再也没人对我以同志相称了，我以为听错了呢，疑惑地问："我是林慕荆，你们是？""我们是下放干部队的，县里打电话说你今天要来，我们接你来了。"

"我姓张，他姓王"身材高的那位自我介绍道。

"老张是我们下放队的队长。"矮个子补充道。他俩一人帮我提了一件行李往村子走去。

我谢过了司机，跟随在他们后面。走了百米左右，老张说，"到了，这里就是下放干部的驻地——后滩大队，大队也叫管理区。"

我四下眺望，没见一栋房屋，正疑惑间，老张说："我们住的窑洞在地下哩，你看这就是入口。"他边说边从一个不大的洞口走了下去。我迟疑了一下便尾随其后，老王殿后。连接这个洞口的是一条向下斜行的甬道，走过数十步前面豁然开朗，来到了一座天井式的大院子。这里离地面大约有七八米。大院四壁开凿了许多窑洞，其中一孔就是我的住处。

走进窑洞迎面有一股潮湿的冷气袭来，洞内的阴冷和外面的燥热形成强烈的对照。

老张指着靠门的一铺土炕说："这是给你的。你以前没见过窑洞吧？"他一边帮我收拾行李，一边热情介绍道，"窑洞是个宝，冬暖夏凉。现在是夏天，窑洞内的温度不超过20°C，但是也有缺点，就是特别潮湿，越往深处潮湿得越厉害，气温也越低。你初来乍到，怕你受不了，把你安排睡在门口，这里最干燥，一天还可以照到几个小时阳光。"

我内心里也又是一番真情感动。来之前我是做了充分准备的，遭白眼，受歧视，听侮辱性的言语……可现实却恰恰相反，这里的干部和群众并没有视我为青面獠牙的坏蛋，而是以同志相称，礼敬有加！我真应该感谢上苍，感谢山里淳朴的人民。我来平陆两天的所见所闻给了我开始新生活的勇气。

老张带着我去见了大队的主要干部：党支部书记、大队长、会计、治保主任。在介绍的时候始终在我的姓名后缀以"同志"二字。

晚上，由老王带我去生产队（小队）食堂用餐，他说："我们实行的是供给制，吃饭管饱，不要钱。今年粮食大丰收，仓库都装不下了，这是大跃进带来的新气象。"

果然在生产队食堂里挤满了老人、孩子和青壮劳力。他们都可以在这里获得饱食，但是不许将饭食拿回家去。

那天晚餐的主食是玉米贴饼，蒸红薯，煮玉米糊；副食是腌咸韭菜和芥菜疙瘩。我因连日旅途劳顿，食欲不佳，只吃了一个小红薯和一小碗玉米糊。这顿晚餐确实乏善可陈，可食堂里热气腾腾、人声鼎沸的欢快景象，是我有生以来从未体验过的。

往后我就吃着人民公社食堂的大锅饭，对千篇一律的玉米、红薯、韭菜、芥疙瘩开始时不习惯、没胃口，过不多久，在一天高强度地劳动下来，肚子总像填不饱似的。

我到后滩的第二天早上跟随下放干部和社员们在田头集中听队长派工，派给青壮男劳力包括下放干部的活最重——深翻土地和出牲口圈。妇女和孩子（初高中辍学在家的）扳玉米杆和棉花柴。队长宣布完了特地加上一句："下放干部老林同志是刚从城市来的大学生，怕是干不了重活，先随妇女一起干吧。"听他点了我的名，我惶恐地站起来亮了相，哈了两下腰，算是向乡亲们致敬，同时不好意思地说道："干重活我能行，来这里就是锻炼嘛。队长，让我翻地去吧。"这时妇女群中传出一阵善意的笑声，有一个年轻的媳妇还说了一句俏皮话："大学生还怪谦虚的嘛。"队长见我执意要随男劳力干活，就不再坚持，递给了我一把锃亮的铁铣，说："那你就先悠着点干吧，习惯了就好了。这把铣你先用着，不必交回来了。"

于是我下放劳动锻炼的第一课就是深翻土地。据说当时全国农村的粮食生产争放卫星，原订的农业发展纲要到第一个五年计划结束时粮食产量北方过黄河（亩产400斤），南方跨长江（亩产800斤），已被一年大跃进突破了，亩产千斤已非奇事，有的地方竟亩产达万斤！这些高产地的主要经验就是深挖地、多施肥，勤灌溉。所以平陆县也层层下达任务，要求深翻土地三尺（一米），每亩地施肥一吨。

深翻土地达到一米是很不容易的。一铣下去，平均刨出来的深度还不到20公分，而且越往下土质越硬，往往使尽力气才啃出个不到十公分的小坑。这哪里是在翻地，是在挖沟哟！我学着农民的样子，手脚并用地、挥汗如雨地、一锨一锨地翻动着脚下的土地，不一会儿手掌上便磨起了血泡，再干下去便感到钻心般的疼痛。我咬紧牙关，强忍着疼痛，故作轻松地同旁边的社员攀谈几句。我内心里告诫着自己：再大的困难也要坚持住，这是我好好表现的战场，一定要得到农民朋友们的好评，只有这样才能不被他们嘲笑，才能为早日摘掉右派分子帽子写下第一笔好的记录。

中午的饭是食堂送到田头的，只有玉米窝头、芥疙瘩和开水。我虽然很饿，但毫无食欲，勉强就着芥疙瘩吃了一个窝头。张队长和老王都劝我多吃点，说干这样的重活不吃十分饱就顶不下来。然而我实在是吃不下，婉言谢过了他们，心想，应该承认我和他们是有差距的，首先是缺乏吃苦精神。可有什么法子呢，慢慢锻炼吧。

收工后到食堂吃晚饭，仍然是那几样主副食，我只好胡乱吃了一点，回到窑头倒头便睡，二十几年睡前热水洗脚的习惯也顾不得了。其实我是歪打正着，要是我提出要洗脚反倒暴露了我这个南方来的城里人生活上太挑剔了。老张老王等人也都没洗脚就睡了，使我感到奇怪，难道他们也是太累了吗？第二天我经过仔细观察和小心询问才弄清楚，这里的人是不洗脚的，因为这里十分缺水，有限的一点水除了人畜饮用还要灌溉农田，所以水就非常金贵，哪敢有丝毫浪费。因为缺水，这里的人流行着一句民俗：人生只洗三次澡——出生、结婚、死亡。因为缺水造成的生理问题，使本地老百姓饱受虱子跳蚤之苦。如果用虱子成群、跳蚤成堆来形容的话，虽嫌太过，但这种情况绝不是个别的。我在山西二十几年，还没见过一处是无虱蚤的，而我本人也只能努力做到基本"双无"吧，因为你要去许多地方，接触各色人，保不定哪一次这两样活宝贝就会爬到你身上来。

干完深翻土地的工作后我参加了几次出圈，这也是强劳力活，出圈人跳到一人深的牲口圈里（牛、马、猪）把经过简单处理（即层层沤制过）的粪便肥料用铁叉叉起，甩到圈外。沤过的粪肥，经太阳一蒸散发着难闻的恶臭气。这种活干上几个小时，不仅骨头像散了架，脑门也被熏得胀痛难忍。和我一起干活的几个下放干部时时照顾着我，叫我消停着干，消停的意思就是悠着点，就是不紧不慢。我感谢他们的好心，可绝不敢消停起来，我宁肯累得举不起胳膊，直不起腰，大口大口喘着粗气，也不愿让人说我表现不好。

圈出完了，肥料要运到地里去，这又是一桩出力活，一担子肥料重的百多斤，轻的也超过半百。我们几个男劳力负责挑担送，为我们装筐的是一位三十出头的女社员。从外表上看她长得单薄，可干起活来却毫不含糊。铲肥料的铁锨在她手里飞快地转动着，三下五除二就给筐筐装填得满满的。打发走了我们后，她还利用下一轮装筐前的空间纳鞋底干家务活。有个男同志同她开玩笑说："×嫂，你上工时间干私活，小心记工员扣你工分。"她笑道："那我赶紧贿赂你一锨肥，闭上你的嘴。"说着还真往他已装满了的筐里又添上一锨肥。那个同志连连摆着手笑着说，"算了算了，我可吃不起你的贿赂，你要压死我呀！"而她每次给我装筐都只装平筐，就这样我挑起担子来还是掌握不住平衡，不是直不起腰就是扁担两头翘。还是亏了这位大嫂心细，看见我这付狼狈的样子便主动上前教我如何用两只胳膊控制扁担，还告诉我挑担的要领是："挺直腰，眼睛向前看，一手在前压扁担，一手在后扶箩筐。"她在教我的时候，其他人只是善意地笑，消除了我的尴尬心理。

夜半集合

在后滩，农民朋友手把手地耐心教我做农活，大家都称我为"老林"，像待亲人一般待我，给了我宽松的生活环境，让我看到了劳动改造后的前途，我相信我会很快摘掉右派帽子，名正言顺地回到人民队伍中来，然后干一番事业，做一个堂堂正正的人。现在算什么呢？农民兄弟对我好，那是因为可能组织上没让他们知道我的身份，一旦知道了还会这样对我吗，他们是老区的革命群众，思想觉悟高，嫉恶如仇，能容忍反党反社会主义的右派分子吗？我想问队长老张，县里是否把我的实情告诉了他，可又不好启齿。终于有一天，这个谜被揭开了。

有天晚上，人们都睡下了，突然大队的广播喇叭响了起来，在播放了《东方红》乐曲后传出支书老杨的声音："现在广播通知：咱大队全体民兵和下放干部立刻到大队部集合，有紧急情况相告。"通知连续播放了两遍。听老杨的口气好像发生了什么非常事件，人们顿时紧张了起来。几分钟后大队部里立着坐着蹲着黑压压的一片人。杨支书宣布道："接公社通知，今晚全公社民兵统一行动，执行到黄家庄山里搜剿美蒋特务的任务。从现在开始，所有到会的民众都不准离开，由民兵连长核发武器，下放干部的武器由队长老张负责发放。公社命令我们于十五分钟后在公社大院集合。"

听了老杨的通知，大家的反应是惊愕、激动、兴奋，尤其是那些一二十岁的小青年，顿时摩拳擦掌，跃跃欲试。只有我内心深处感到忐忑不安。我想，从理论上讲，我的身份属于反动一列，这上山抓特务的任务轮得上我上阵吗？如果县里没将我的身份向这里的任何一级组织和个人通报过，那么，今晚的任务我也有份。反之，后滩民兵连就不会让我混杂其间，妨碍任务的执行。如果既知道真相，又让我参加搜山，那就印证了县教育局的张同志对我说过的那番话是算数的。情况究竟属于哪一种呢？我敏感的神经又绷紧了起来。这时队长老张走到我身旁说："老林，今晚执行任务你也去，回头给你发一支三八大盖步枪。"

"你看我又不是民兵，执行这样的任务合适吗？"我嗫嚅道。老张拍了拍我的肩，爽快地说道："一切都没问题，这是县上交代了的。"他的这句话打消了我心头的不安。

那天夜里，天黑沉沉的，从张店公社的驻地进黄家山的路勉强依稀可辨，由于道路窄小且崎岖不平，稍不小心就会崴了脚脖子，好在我小时候是在万县的山里长大的，对走山路还比较习惯，只是在下一道陡坡时一不留神脚下踩空，身子不由得坐了滑梯一溜到底，屁股着实被蹾了一下不禁得生痛，叫了一声哎哟，引得同行的战友们发出轻声的笑。这时，前面传来民兵连长的命令："迅速跟进，保持肃静！"

我们在山里转悠了大半夜，搜索了不少山洞和岩缝，没有搜到一个匪特，也没有发现任何可疑之物。拂晓时分我们奉命返回。后来据说这次的行动只是一次人民公社民兵的一次拉练和演习。

我把能参加这次演习看得很重，认为它说明我的政治生命并未彻底死亡，只要我振作起来，努力改造思想，还是有机会获得新生的。

为了尽快和更好地融入平陆农村生活，同农民群众打成一片，我注意学习当地的语言，开始时是机械地摹仿，后来自觉地寻找规律，这样学起来快得多。比如平陆人把"水"说成"富"，把书念作"府"，说明他们把许多字的声母"sh"念成"f"；同时，平陆人的用词很生动，如以形容色彩为例吧，白的是"雪白"，黑的是"乌黑"，绿为"焦绿"。他们说话还很有风趣，如把干农活落在后面的人说是在"打狼"。我在后滩劳动了四个月，基本上学会了干地里的一般农活和当地的语言，在离开的时候，同下放干部和社员群众结下了一定的情谊，他们许多人把我送到公路上，依依惜别，我答应以后一定再去看望他们。没想到一句的普通的客气话，十几年后竟真的变成了现实！

任教一中

1958年12月末，我被调回县里，按照预先的安排去平陆县一中教书。一中离县城七八里地，在一处山凹里，三面环山，一面是黄河滩，有一片很大的柿树林，环境僻静幽美，校舍不大，学生不多，主要是初中生，各年级设两个班，高中当年是头一届，招了两个班。县一中是全县唯一的完中，直属县里管辖；另外每个公社还有一所初级中学，依次为二中、三中、四中、五中。

一中的党支部书记名叫王振华，三十五六岁，是一位三八式的老干部，当时兼任着平陆县委文教部长。这个同志党性原则很强，对干部教师要求很严，批评起人来毫不讲情面，平时作报告条理很清楚，还爱引用马列经典，这在农村真是一位不可多得的干部。

校长姓卫，忘记叫什么了。他也是一位抗日战争时期参加革命的老干部，从他处事的作风看，也是有一定文化的。这个人寡言少语，但你有啥事找他，他会有问必答，显得很有耐心。

政治处主任名叫周庭芳，个子不高，胖墩墩的，约莫二十七八岁年纪。其人满脸横肉，说话盛气凌人，不可一世，不知道自己是个多么大的官儿，又仿佛在一中最革命的左派人物非他莫属。他同一般的老师们谈话时，下巴颏儿总是昂得高高的，嗓门总是放得大大的，语气总是那么肯定，毋庸置疑。如果同出身不好的老师谈话，那么脸上就像结了一层霜，叫人先自心寒。对我，就像一中没有我这个人儿似的，从不正眼瞧我一下，也不同我有只言片语的交谈。自然，对这位革命左派我是敬而远之。

教导处主任姓赵，北京人，是位军队转业干部，为人憨厚正直，工作热情认真，整天在教导处办公室里忙忙碌碌，没见他闲过一刻。本来嘛，教务工作本身就十分繁杂，何况在大跃进年代，各种临时性的劳动任务不期而临，或者临时抽调某老师到别处公干，那么教学秩序就要打乱重作安排。这对于一个刚从部队下来的干部能不叫他手忙脚乱吗？但是这位赵主任一句怨言没有。后来校方给他配备了一名干事，是从运城某师范调来的，叫周志芳，是个熟悉教务的内行，才将赵主任解脱了出来。

学校的教职员多半是平陆人，外地人不多，外省人就更少了。给我印象比较深的有一位名叫代祖庆的老师，河南人，山西大学毕业，据说家庭出身不大好。他为人非常和气、热情，从来不得罪人，我在平陆那么多年，没见他同什么人红过脸，这可能与他的出身有关，因为得罪了人会被人家抓小辫子。

我到一中后领受的教学任务十分繁重：初三两个班的代数，初一两个班的音乐，高一两个班的俄语，此外，还兼任首期红专大学体育班的举重教练，这个红专大学体育班是为本县培养体育老师的，这也是大跃进年代的新鲜事物之一。

教学任务越重，我的心情越愉快，因为这说明领导对我信任，同时也给了我一个表现自己的机会。就我而言，我的奋斗目标只有一个：尽早摘掉帽子，正大光明地做人，不要藏着掖着，人不人鬼不鬼的。所幸的是，在平陆一中，除个别人，大家都对我比较友善，我基本上没有受到歧视的感觉。尽管如此，我还是处处谨小慎微，如履薄冰，生怕哪一方面出了漏子酿成灾祸，我脆弱的神经承受不起新的打击了。

人力搬迁

1959年夏天，平陆县城搬到茅津渡口上的圣人涧公社，一中也奉命随同搬迁。从老校到新校相距三十里，我们要把拆下的木头砖瓦在没有汽车骡马等运载工具的情况下依靠肩挑手提全部运过去，任务的艰巨是不难想见的。这次大搬迁，充分体现了革命老区的人艰苦奋斗的作风，使我开了眼界，对这种不怕苦不怕累的精神由衷地叹服。

我也参加了搬迁的全过程。我和几位男教师的任务是运送砖头。一次挑多少砖完全是自愿的，没有人给你规定。但是看得出来，老师们的觉悟是很高的，人人都在拣重担子挑。我们运的是旧时烧制的较厚的青砖，一块重约六斤。第一次运砖，我见青壮年老师都挑到十六块以上，最多的达到二十块，这就是100斤到120斤！我虽力图表现好，可也不敢小蛇吞大象去冒充好汉，只给自己的担子上缚了14块砖，同行的老师们都说我太多了，一定要我减下2~4块，他们说："老林，你可不懂得担担子走长路是越走越重，你初次上路，能负个五六十斤就不错了。"我正犹豫不定，有个姓宋的党员教师走过来不由分说就从我的担子上抽走了四块砖，很认真地说："对你来说十块已经不少了，你不比我们，我们是从小锻炼惯了的，肩膀都压出来了，你是头次吧？又是走长路，以后慢慢再加吧。"这时有几个高中女生肩上负着用包袱缚着的砖头走过，我目测了一下，大约有七八块之多，于是自我解嘲地说："人家女生都同我差不多了。"

好在此前在后滩劳动时有过送肥料的经历，基本上掌握了挑担子的方法，这次运砖还比较顺当，只是因为路途遥远，时时想停歇一下，可大队人马不停下来我也不敢独自休息，一是怕显得特殊，二是我已经"打狼"了，如果再与大队拉长距离，以至于失去他们的踪影，迷失道路，岂不糟糕？这样，我只敢在不失去"向导"的前提下多偷歇了三五次。喘喘气，展展腰，每次不超过两分钟，全程基本上还是跟随了下来。到达终点的时候，累得真想趴下。

搬运工作持续了近一个月，平陆一中的师生们就凭着背负肩挑手提，硬是把一座学校完整地（除去搬不动的大梁）迁移到三十里之外的新居。这些日子，我时刻受到周围热烈气氛的感染，自己的劳动热情也与日俱增，不停地给自己加码，不是增加担子的重量，就是减少中途休息的次数，到整个任务完成时，我已经可以不停歇地一次将十二块砖头送到终点，往返时间最快时只用了不到六个小时。

在后滩的劳动锻炼和在中学的参加搬迁，虽然很苦很累，但收获很大。首先是对劳动产生了感情，拉近了与劳动人民的距离，其次是学会了一些劳动技能，不再是只会动口不会动手了。我将这些体会写成书面总结交到了党支部，动机自然是向组织汇报思想上的进步，同时也确实是感到有话可说。汇报送上去不久，支书王振华找我谈了一次话，肯定了我在劳动中的表现和教学中的成绩，鼓励我好好学马列好好工作，争取早日摘帽子。他还说依他观察，我犯错误的原因是骄傲自大，倒不一定是对党和社会主义怀有仇恨。他的这番评论使我如沐春风，这是自反右以来我第一次从一位党员领导干部口中听到的公道话。在那样一种政治气候下，王振华敢于对一个右派分子作出这样的判断也是够有勇气的。

搏命摘帽

王书记的鼓励给我注入了巨大的动力，我更加勤奋地搞好教学工作，从备课讲课到课后辅导和批改作业都一丝不苟，尽管工作的难度并不算大，但是工作量却是非常重的：每周上二十七节课，每天批改近二百本作业，早晚自习还要下班辅导。我的办公桌上作业本堆放得像一座小山，只有一小块地方用于办公。

生活日程安排得很紧张，早上六时起床，和学生一同出操，六时半吃早餐，七时上班辅导，八时上课，上午四节课安排得满满的，一周之中也就一两天没课。十二时吃午餐，饭后有一个多小时午休时间，略微小憩以补夜晚睡眠之不足。下午二时又开始上课，没课的时间有政治学习和教研活动。六时晚餐，七时又得下班辅导学生自习。九时后学生睡觉了，我开始备课和批作业，所以每天都要工作到下半夜转钟。

连日睡眠不足，加上营养不良，胃开始隐隐作疼，人明显地消瘦下来。这时发生了全国性的饥荒，粮油供应十分短缺，每天教职工只有八两粮一钱油，肚子老感到空空的。学校发动群众采野菜，我也学会了辨认几样野菜：刺桔芮、蒲公英、马齿苋，采回来洗净了放在砂锅里加水煮，熟了加点酱油便捞出来吃。这几样菜都有苦味，初食难以下咽，吃多了便习惯了，这真叫饥不择食。很快人们开始浮肿，我身上表现得尤为突出，脚脖子肿得不见骨头。到县人民医院就诊，大夫说是营养不良，治疗的方法就是加强营养，并按规定在处方上给我开了一盒糠麸丸。又特意叮嘱我说，这盒糠麸丸是专门用于照顾深度浮肿病人的，一次一盒，每月不得超过两次，让我省着一点吃。大夫还说，你不要舍不得花钱，要买点高价点心补充营养。其实我哪里是舍不得花钱呢，我是没钱可花，我的境况用"赤贫"来形容毫不为过。我每月的生活津贴费是26.5元，为了对家里隐瞒实情，还打肿脸充胖子寄回去10元，留下16.5元要吃伙食，抽烟，添一些日用品，不到月底就囊空如洗了。当时市面上的高价糕点卖4元一斤，在我眼里算是天价。

工作繁忙，睡眠不足，吃不饱肚子，几重的挤压终于使我病倒了。起初的症状是胸闷胸痛，嗳气反酸，逐渐发展到不能进食，一吃就吐。晚上有时痛得不能入睡，上课时得把心口以下抵住讲桌才可勉强止痛。到医院看，透视了，说是肺部有阴影，给我注射链霉素，可是毫无效果，疼痛反有加重之势。我没有向校方报告病情，我想挺过去，不要耽误学生的功课，所以一直坚持上课。可能学生在上课时看到我痛苦的表情向学校汇报了，副校长王锋亲自到宿舍对我交代，让我停止上课，休息治病。我只好同意，告了一周病假，一方面继续吃药打针，一方面进行短时间的休整，我的确有支持不下去的感觉了。

我养病期间卫校长叫我去谈话，很兴奋地告诉我一个好消息，上头指示今冬要给改造好了的右派分子摘去帽子，叫基层报名单，支部决定把你报上去。他让我填了一张表，说：你的希望是很大的！

回到寝室我关起门来哭了一场。屈指算来我到平陆快满三年了，这三年来由于身份的特殊，我过着精神压抑和双重人格的生活，在学生面前我要表现出师道尊严和高度自信，在领导和同事面前我却抑制不住自卑，可又不愿表现出奴颜媚骨。有次我与政治处主任周庭芳爆发了激烈的冲突，就是上述心理的反应。冲突的起因是高三班学生郝炳权向周庭芳告我在课堂上打击贫下中农，吹捧富农，周庭芳传我到办公室问话。周庭芳一开始就像询问犯人似地阴沉着脸说："你最近的表现怎么样？""什么表现？"我感到突兀。"你自己清楚！"他提高了声调。"我不清楚。"我被这种侮辱人的方式惹恼了。"高三班反映你在讲课时打击贫下中农，吹捧地主富农，你好好想想，这可是一个阶级立场问题！""周主任，请你讲具体一点。"我抑制着愤怒，小声地说。

"要我举例子吗？好，我问你，你是不是经常在课堂上训斥郝炳全！你知道他出身贫下中农，他父亲是县委的郝书记吗？我再问你，你是不是总爱表扬赵守甲，而他却是富家子弟！这一褒一贬，立场鲜明，你不承认吗？"我生气地提高了声音，"第一，我是批评过郝炳全表扬过赵守甲，但是我并不知道郝炳权和赵守甲的家庭出身；作为老师，批评学习不认真的学生，表扬学习好的学生，是为了鼓励学生个个都好好学习，这和阶级立场根本扯不上边！"

周庭芳用力拍了一下桌子，大声训斥道："哼，你还嘴硬！你要清楚自己的身份，这是借教学的机会搞阶级报复！"好吓人的帽子！这不是要置我于死地吗？我必须据理力争，绝不能妥协。我也大声咆哮："你这是欲加之罪何患无辞；告诉你，我会向党支部申诉！"说完，我便转身走出了办公室，同时重重地摔了一下门。这件事，我当晚就向王书记作了汇报，我不能让周庭芳无中生有诽谤我，毁了我好不容易开拓出来的前进的路。王书记认真地听了我的汇报后，没有当场作出评判，只是平静地说了三句话："这件事我们会负责任地进行处理，你继续好好工作吧，同学们对你的反应不错。"这几句话平复了我满腔的怨气，消除了我心中的疑虑。现在卫校长明确告诉我要给我摘帽子，说明党支部是实事求是的，是不受个别心术不正的所谓革命者的左右的。

"人逢喜事精神爽"。同卫校长谈话后我的病情居然减轻了不少。几天后我又挣扎着上了讲台。

过了没多少日子，1961年的11月15日，我被正式通知，经上级党政部门批准，给我摘去了右派分子帽子。

我以为，噩梦般的一段历史从此结束了，我可以在现有的条件与基础上重新创造未来。

来平陆的三年，我的辛勤耕耘得到了一定的回报，我教的俄语课初步显示了成绩：第一届高中毕业生俄语高考成绩在山西省临汾地区十余所中学中排名第四；考上大学的同学都说俄语起到了拉动的作用，纷纷向我表示感谢。

摘帽子后我不敢有过多奢望，只想把教学工作做得更好些，力争在本地区冒尖，既为平陆教育事业出一把力，也为自己争一口气。

这时，我已连续三年参加过三次地区教育系统的集训，对临汾教育的状况有所了解。它，俗称晋南，是山西省经济和文化最发达的地区，二十几个县每县有一所完全中学，唯独临汾和运城各辖有两所，即临汾一中、三中、康杰中学和运城一中。这四所中学都是省重点，教学条件和师资力量都是比较好的，而平陆一中才建高中不久，论条件和资源都是比较差的，要在本地区冒尖谈何容易。

在集训中认识了两个与我同病相怜的人，一个是闻喜中学的张季然，一个是万荣中学的胡作群。张季然是黑龙江人，哈尔滨外语学院俄语系毕业。胡作群毕业于北京大学俄语系。两人与我同届，也同时运交华盖。胡作群与我关系更进一层，因为他算我的老乡，出生在武汉，长在上海，他早年就读于上海圣约翰大学附中，英语基础也不错。也算是惺惺相惜吧，我们三个在集训的业余，相约到小饭店小酌，喝着一元钱一斤的红薯酒，下酒菜豆腐干花生米，倒也自得其乐，谈起学生时代的伤心事，都不敢涉深涉细，话题多是各自今后有啥打算，看来，谁都没有什么鸿图大志，都把未来交给命运安排。

现在我是否可以支配自己的命运呢？至少我要做得出色、冒尖，不要过得平平庸庸，我心头还刻着保尔·柯察金的临终遗言呢。

1962年夏，地区组织全区高一下学期俄语统考。我所代的平陆一中高六班均分86.2分，名列第二，山区的一个小学校放了一颗小小的卫星。

积劳成疾

　　这年秋天，我又犯病了，胸痛胃痛，发烧便血，不能进食。这时，全国困难时期基本上已经过去，供应开始好转，学校派人在寒窑大队为我订了牛奶，厨房专为我开了小灶：可以全部吃细粮，单独炒菜。我的经济状况也有了改善，摘帽后按大学毕业生待遇月资50元。可是我却无福消受，吃什么东西都吐。医院仍按老办法给我治，注射链霉素，治肺结核，服颠茄片，止肚子痛。这样折腾了几个月，病情一点不见好转，人消瘦得只剩一张皮。可我还是不知道厉害，坚持每天上课，下了课就卧床，每天只喝一斤牛奶，且很快就吐了出来。王锋校长见状，下令我休息，亲自在路口堵我不让我上课。

　　我的病一天天加重，只好遵命休息了。校方见情况不妙，决定让我到太原省级医院就诊，派人护送我到运城火车站，买了卧铺票把我送上火车。

　　回到家里，母亲吃了一惊，说我脱了形。奇怪的是连日委顿不堪的我，这天反倒有了精神，想暂不去医院看病，提议同母亲一道上街逛逛，我已经有很多日子没来省城了。恰巧在大营盘小学教书的四妹回家过星期天，三个人相跟着上街了。先到五一大楼看了看，买了几样日用品，出来沿海子边走到最繁华的柳巷。此时已经正午，四妹说请我到上海饭店吃饭。上了上海饭店二楼，拣了个靠窗的座位坐下。四妹叫我点菜。许久不吃荤腥，竟然有了一点食欲，于是点了一道香肠炒虾仁和一道黄焖黄花鱼，又要了二两竹叶青。母亲说我的脸色难看，不知得的是什么病，最好不要喝酒，我说嘴里馋得慌，少喝一点不要紧的。正说着服务员把酒送上来了，我等不及上菜就自斟了一小杯，品尝式地喝了半杯。这半杯酒下了肚可不得了啦，不到一分钟肚子便火烧火燎起来，一股灼热的气流直冲脑门，我两眼一黑，没来得及说一句话就伏倒在桌上，人事不省。不知过了多长时间，我的意识里有了一丝从遥远的地方传来的声音，它是那样细微而熟悉，慢慢地那声音越传越近也越发越清晰起来，哦，原来是母亲在呼唤着我的名字：慕荆……慕荆……你醒醒……我努力睁开眼，可眼皮好厚重啊就是睁不开。就这样又过了一会儿，我终于睁开了双眼，看见我脚下是一大滩血，在我四周围满了人，母亲惊恐地搂着我的头，说：好了，醒过来了。四妹打电话叫救护车去了，你要坚持住呀。人群中有个男同志建议先把我抬到隔壁一家卫生站去打一支止血针和强心剂，防止再次呕血和晕厥。他的建议得到众多好心人的赞同，于是我被七手八脚地抬到了卫生站，刚简单地进行了处理，山西医学院附属医院的救护车就赶到了。在医学院上学的五妹也在车上，她是接了四妹的电话亲自跑到附医请求值班大夫派车的。因为是星期天，一般救护车是不出动的，这算是我的命大吧。

到了医院被送进急诊室，大夫说我失血过多，先要输血，输完血后再查找大出血的病因。四妹先走了，她第二天要上课。母亲和五妹轮流陪护着我输血。输完1000毫升血，已是午夜十二时多了。我被安排到内科医房。我的主治医师姓冉，是一位四十出头的女医生，山医的讲师。冉大夫对我做了一般性的例行检查后要我向她详细介绍病情和此前的治疗情况。最后她说你的情况比较复杂，目前还很难判断是什么病，要进行一系列检查，包括透视和做胃镜等。现在你一定要卧床休息，不能活动，防止再度吐血。

庸医害人 命悬一线

这一晚我睡得很好，不觉天就大亮了。我醒来后想到的第一件事就是要给在教育学院学习的王振华书记打电话，告诉他我在住院，十天半月怕是回不去了，请他转告学校。想到就做，我慢慢地坐了起来，靠了一会儿觉得有点精神，就一点一点挪着下了床，靠墙休息了一下就扶着墙壁向对面的医护办公室走去，接通了王书记的电话，他叮嘱我安心治病，不必考虑教学，他会到医院看我。打完电话我又慢慢地摸索着原路返回，快到门口突然出现了在上海饭店相同的情况，眼一发黑就摔倒了。

再次醒来，已躺在病床上，手臂上吊着输血瓶，鼻子里插着氧气管，床前站满了医生护士。主治医生冉大夫正在对管床医师和实习生讲："这个病人两次大出血，未经检查证实病因，现在必须抢时间剖腹探查。找到了病因才可能定出治疗方案。可是他亲人不在，没人签字，而病人又不能耽误。"话音刚落，门外响起母亲的声音："我就是病人的妈妈，我马上可以签字。"冉大夫舒了一口气，说："太好了，请大家行动吧。"

众人迅速将我送进手术室。抱到无影灯下的一张手术台上。我处于休克状态但自觉神志很清醒，可仍然产生了幻觉，好像四周站着的不是医生护士而是一群妖魔鬼怪，一个个张着大口瞪视着我。我听见一个声音在问："血压？"一个在答："10°～30°。""注射××，加大输血。"几分钟后，又问："血压？"回答："40°～60°"。"开始吧。"一个医生在我身边说："一会儿我叫你的名字，你要回答。"我点点头。他将一块手巾蒙到我鼻子上，我立刻嗅到一种淡淡的香气。他叫："林慕荆。"

我答："噢。"他反复叫了几次，我答着答着就昏过去了。

又一次醒来躺在了外科病房里。母亲守在病床前，见我睁开了眼，高兴地说："谢天谢地，手术很顺利成功，你现在感觉怎样？"我轻轻动了下身子，感到腹部疼痛，屁股也痛。我无力作答，对母亲笑了一下。她娓娓地告诉我施行手术的情况，说医生讲切开腹腔后看见胃里大动脉血管自来水管般突突出血呢！医生说你的命大，如果发作在火车上，那可就没命了。

这次手术对我的胃施行了次全切除，切除了三分之二的胃，最后的诊断为因迷走神经受到刺激引起的消化性溃疡。而在平陆，一直把我当成肺结核治，真是庸医害人！

我快出院的时候，五妹才告诉我，在这次胃手术中，大夫们还发现我的肝脏有若干斑点，取活体组织化验系血吸虫卵，可见我还患有血吸虫性早期肝硬化，如不及时治疗，还可能发展到肝腹水、门静脉高压，最后食道血管曲张、破裂，而大出血致死。山医大大夫建议我到南方治疗，因为北方没有治血吸虫病的经验。

我采纳了他们的建议，出院后给广州的姐姐、三妹写信表示去广州治血吸虫的意向，她们均回信表示欢迎。

赴穗疗养

在家里只休养了一个月，并征得学校同意，我于1963年4月到了广州。经姐姐联系，由她的战友欧阳女士（时任中山医学院附属医院院办秘书）安排我住进了该院的血吸虫病科。顾名思义，这是专门治血吸虫病的病房，其设备、医药、医护都是一流的。我在这里住了二十来天，注射了一个疗程T剂，原定计划是治两个疗程，后因反应太大而中断，不过医生说我受的感染比较轻微，估计体内的血吸虫已被杀死，让我以后每季度复查一次，有两次无虫卵即告成功。

出院后在姐妹家轮流住着休养。这时，姐姐在广州市委党校教书，姐夫周鲁晓是广州军区政治部干部部军衔档案科长，少校军衔。他们育有四个可爱的孩子，花胎。分别取名为汉夫、建辉、秀夫、建红。最大的男孩十岁，最小的女孩才两岁多。家里请了个亲戚，林家远房的一位婶母为他们照顾生活，我们都称她刘娘。刘娘与我们颇有一些渊源。她是堂叔林美裕的妻子，堂叔解放前是傅作义后勤部队的一名团长，因膝下无子女，经族人说合将我家的六弟祝生立嗣过去当儿子，那时祝生才三岁。1949年傅作义率部起义北平和平解放，美裕作为起义部队的军官，仍留任原职，可他不知是出于不相信党的政策还是什么别的原因，竟然辞职不干回到陶山铺乡下，土改时被划为地主分子，成为管制对象。祝生也由小少爷变成地主崽子，生活一下子陷入困境，刘娘便带了他到仓埠镇谋生，妈妈为干校学生洗衣服，儿子则到宿舍去接衣服，夏天还拣西瓜籽回家淘洗干净炒熟了卖，很吃了几年苦。到1952年，母亲叫人把祝生接了回来，算是又归了宗，当时这孩子瘦得不像样子。次年又介绍刘娘到周鲁晓家做事，既是亲戚又是嫫姆，外甥们都称呼她"姥姥"，关系很亲密。刘娘挣了钱寄回乡下补贴堂叔，他们的晚年总算有了依靠。

三妹淑英是1959年结婚的，妹夫西中扬，也是广州军区的干部，时任政治部副主任王兰西少将的秘书，大尉军衔；刚届而立之年，年轻有为。他的业余爱好是读书和写诗，一手书法也很潇洒。因为都喜欢文学的缘故，我们很谈得来。他公务极忙，可有了闲空便同我谈诗词、论文章，从李杜到普希金，从屈原到托翁，交谈甚欢。可惜我在广州只待了几个月，同他切磋、向他学习的时间太短了。我是1963年底离开广州的，此次一别整整隔了36年才又得见面，这是后话。

返回山西路经武汉，特意去了一趟乡下，到仓子埠看望小姑妈，我们这一辈称之为九爷，在汉口听说九姑爷已不在了。九爷当时在镇办的一家工厂当厂长，她是共产党员，在当地有相当的威望。她见到我便一把抱住我，执手相看，流下了欢喜的泪水。互道了离情之后，她就急着杀鸡沽酒安排晚餐。吃饭时我小心地询问起姑父余岳卿何年去世，患何疾病，她告诉我余叔死于肺病，加上营养不良吃不饱饭。我说明天想去陶山铺看看美裕叔和赵大嫂，九爷忙摇手道：你千万不能去。乡下正在搞"四清"，阶级斗争抓得很紧，以你的身份去了百害无益。我分辩道：当年我在这里读书的时候还是个孩子，乡里人会认识我？我只去看几个人就走嘛。九爷不悦道："你这个伢不听话，我们家是什么人家，你去了怕不马上传得个人人知道，你不怕四清工作组不找你的麻烦吗？"我想想也是，我家当时还顶着地主出身的帽子，而我本人有过污点也保不准被乡下人所知，这样下去是有些孟浪了。于是向九爷表示听从她的吩咐。在仓埠镇住了一晚，次晨告别了九爷回到汉口，旋即乘大车回到山西。

临阵磨枪

此时请病假离校整整一年。回校后立即开始上课，为照顾病后体弱，只让我带高中三个班。

七月初，又到了高考的日子，这时临汾地区已分为临汾与运城两个地区，平陆本属运城地区。高考现场就设在运城康杰中学内。平陆中学的考生7月5日出发去运城，因连日下雨公路不通车，学生们是背着背包步行着去的。从县城到运城有七十华里路程，山区学生赶考真不容易。按惯例，凡是有高考科目的老师都必须跟考，学校领导照顾我的身体，没让我去。可是临到考俄语的前一天，带队去运城的教导主任打回来电话，说学生们要求我能为他们再进行一次辅导，说什么这叫"临阵磨枪，不快也光。"王校长不同意，说我身体不行走不了那么远的路。我表态说为了学生考出好成绩我愿长途跋涉一次。后来学校给我雇了一头毛驴上路。天上还不时飘着零星小雨，地上泥泞路滑。我横坐于毛驴背上，手扶着厚麻袋片充当的鞍子，小毛驴由主人牵着，一路上摇摇晃晃颠颠簸簸地行进，驴主人最累，我也不轻松，腰、背、臀都颠得生疼。正午时分天开始放晴，日头若隐若现，这时行程已经过半，我们到了张店公社的街上，停下来在小饭店打尖。我要了半斤白酒，一斤牛肉、一斤烧饼和两碗汤面，请为我牵驴的老乡吃饱吃好，粮票和钱都由我付。他熟悉这里的道路，说骑驴走这公路离运城还有五十里，如果步行走小路，只有三十几里。我见老乡一副困顿的样子，生了同情之心，就说我步行走小路下山算了，让他回去，雇驴的钱还是全程照付。老乡听了喜不自胜，连连向我作揖打拱，说了好几遍表示感谢的话。

再次上路走的是山间小道，边走边问，速度也很慢。手上提着包，越走越重。俗话说"上山容易，下山难"，一点不假，遇上陡坡，加上地滑，十分难走，好几次差点摔倒，待到下得山来到公路，裤子上满是泥浆，提包也变成了土色。毕竟病愈不久，体力未完全恢复，走几十里山路差点累得趴下。

到康杰中学时已是晚上八点钟了，这几十里路走了足足七个小时。刚跨进校门就被一个学生发现，跑了过来接过提包飞也似地朝平陆中学住宿处跑去，口里还喊着：林老师来啦！林老师来啦！霎时间从宿舍里涌出来十几个男女学生把我围了起来，然后簇拥着我去见领队的教导主任。那份真情令我十分感动，浑身的劳累和酸痛似乎一下子就消失了。

当晚在住地外的空地上挑起了汽灯，挂起一块小黑板进行了考前的辅导，重点是俄语语法的考点和汉译俄，后者还带有猜题的性质，前几届高考我的"押宝"成功率是相当大的。在辅导过程中学生们还放了岗哨，不让外校考生偷听，说是考场上的竞争十分激烈，肥水不能流失给外人田，我对此说法虽不以为然，但看了学生们的那份较真劲，只好笑笑。此次辅导效果很好，仅据考后学生的反应，那一道占30分的汉译俄，就有一半题目被我抓了个正着。学生和我皆大欢喜自不待言，领队的主任也是笑逐颜开，连连说：把林老师叫下山是叫对了。

申请入党

为了表彰我的工作成绩，这年秋季开学后学校任命我为俄语教研组副组长，正组长叫雷振京，是我的学生，高中毕业后送到省教育学院进修了两年俄语回校任教的。振京是中共党员，贫下中农出身，属于根正苗红型的新一代知识分子。显然，他是管思想政治的，我是负责业务的，在那个年代像我这样的人能当上副组长，应当知足了。

一天下午党支部叫我去办公室，有一位县委统战部的同志要同我谈话。见面寒暄了几句后他同我有如下一段对话：

"老林，你到平陆六七年了，工作很有成绩，各方面的反应不错，业务上是没得说的，但不知你在政治上有什么考虑没有？"

"政治上吗？"我一时摸不清对方的意见，便沉吟着，未马上回答。

"不要紧张。我是说你在进步上有打算吗？"

我听明白了，说进步就是指入团入党呀。我一个摘帽不久的右派，岂敢有此奢望？

"我要好好学习，好好改造思想，用又红又专的标准要求自己。"

"你没考虑过争取入党吗？"他终于直截了当地问。

"没有。不是不想，是没敢去想。"我既高兴，又惶恐。

"那你就大胆去想，去做吧，不要背犯过错误的包袱，错误改了就好，党也没说不准犯过错误的同志入党呀。"

在这次谈话的鼓舞下，我很快向党支部递交了入党申请书。支部接受了我的申请，给我指派两个入党介绍人，一个是校团委书记赵毓堂，一个就是雷振京，并吸收我参加听党课。

经历了六七年的考验与磨炼，我重又找回了信心，站到了一个新的起点，可以重新做一番事业了。

事业有大有小，一步步朝前走吧。

业余生活 飞短流长

作为一个男人，要有事业，也要有爱情。我已经三十岁了，依旧孑然一身，整日除了学习和工作基本上没有什么生活乐趣。业余时间拉拉提琴，弹弹钢琴，偶尔也去县委大院串门，找县检察院的胡明炎聊天。胡明炎同我五八年就相识了，他也是那年从北京分配到平陆的，毕业于中国人民大学法律系，四川人。我们大家工作都忙，交往不多。

一次周末聊天，胡明炎说要给我介绍一个对象，姓张，名殿芳（化名），同他是老乡，毕业于四川农学院，在四川达县工作，曾与平陆籍的南下干部张某结婚并育有二子，数年后张某病故，组织上同意她本人请求，携子调至男方的老家平陆县，在县农业局任职。我说不行，且不论二婚，有两个孩子，累赘太大。过了一两周，胡明炎又对我说，张殿芳愿意将孩子交给公婆抚养，单与我组织家庭，我听了颇受感动，可冷静一想还是有许多问题，如父母是否同意，我是否愿定居平陆等，就对老胡婉拒了，并请他代我向张殿芳致歉。

老胡还给我介绍了一个四川老乡，县医院的冒医生，因为我会讲一口地道的四川话，他们都把我当作老乡。这位冒医生有个新婚的妻子名叫张（素清）淑芹（化名），是医院的一名护士，也是四川人。她年轻漂亮，性格活泼，爱说爱笑，还会烧几个拿手的川菜。冒医生热情好客，曾请我和胡明炎去他家吃小张做的香辣川菜。

这年初秋，冒医生被地区抽调去搞四清，临行前托我和老胡照顾张淑芹。我们因此同小张走动得勤了些，但每次都是三个人在一起，或看看电影，或打打扑克，有时张殿芳也参加，大家心怀坦荡，彼此没有什么隔阂，我从没有单独同她俩中任何一人待在一起，我了解老胡的为人，相信他也是这样。想不到本来很正常的社交竟会遭到某些人无端的猜疑和指责。

我的入党介绍人雷振京找我谈了一次话，问到了这方面的情况，闪烁其词地告诫我要在生活作风上注意检点。这次谈话吓得我再也不敢同二张来往了。

后来平陆中学陆续分配来两位女老师，有好心人要给我当介绍人，可是经过一段时间观察，发现生活习惯和爱好上有较大差异便置之不论了。坦白讲，我渴望爱情，但在这一隅之地，只有徒叹奈何了。

鬼使神差 浩劫再临

平静的生活过了没多久，又降临了一场更大的风暴——"文化大革命"！

1966年6月17日，这是一个难以忘怀的日子，这一天我鬼使神差地"自投罗网"，成了罪大恶极的牛鬼蛇神。下面是事情的经过——

自从六月初《人民日报》发表《横扫一切牛鬼蛇神》社论后，俄语教研组就积极写文章响应，特地把俄语黑板报辟为登载革命大批判文章的专栏，大家一致推选我负责这个专栏。

6月17日那天中午，烈日当空，酷热难当，我顶着暴晒想赶在午饭前把自己当天写好的稿件缮写出来，以便尽早同学生们见面，因为他们是不午休的。可能是热昏了头，稿子抄完后我竟一反工作细心的习惯，没有仔细校对一遍就到食堂买了饭菜带到寝室，还没吃完忽听得外面人声鼎沸，继而响起了汹涌的声浪"把牛鬼蛇神林慕荆揪出来！"而且这激愤正是朝着我的寝室而来。

哐当一声，我的房门被踢开，几个戴红卫兵袖章的学生冲了进来，不由分说地拖着我就走，说：你自己去看看你的反革命气焰多嚣张！我被带到黑板报前，上面有一处用红粉笔画了粗粗的一道，我看这处写的是："凡是牛鬼蛇神，我们都要坚决支持！凡是革命的行动，我们都要坚决反对！"我惊恐地睁大了眼睛，内心叫苦不迭。哇呀，我这是怎么啦？咋会犯这样低级的而又可怕的错误哟！我连忙申辩道，是我誊写出的错，刚好把这两句话的意思搞反了，我没校对，不信你们看我自己写的原稿，可我的申辩有谁会听？红卫兵小将们当场就把我围斗了一番，勒令我第二天向全体革命师生交代自己的罪行。

这天夜里，我想得很多，我不相信命运，可又无法解释这十年来所发生的一切。我想到了被揪斗的可怕场面：被斗者挂大牌子，上面书写着各种难听的恶谥，还要被人掀了头，架了喷气式……士可杀不可辱，我接受得了这样污辱吗？时隔八年后我又一次想到了自杀，甚至设计了自杀的方式：自缢、切腕、服安眠药……但是另一个声音从心底升起：你的生命就这样不值钱吗？你彻底向命运投降了吗？你是一个懦夫！思想来回斗争着过了一个不眠之夜，不觉东方之既白。

漱洗过后，头脑冷静了下来，决定活下去，哪怕仅仅为了自己的名誉，不能落一个"右派分子畏罪自杀"的臭名。

整整一个上午一颗心一直提到嗓子眼上，等候着揪斗我的红卫兵到来，隔不几分钟就探头向窗外窥视一次，只要外边有较大声响就侧耳倾听，屏住了呼吸，那种惶惊的滋味非笔墨所能形容于万一。

想不到这一天竟平平安安地过去了。后来才知道这次斗争的大方向是整党内走资本主义道路的当权派，其余"牛鬼蛇神"虽在横扫之列但不是斗争的重点，只够得上当陪斗。所以此后的几个月，我和几个地富分子身份的教师都成了斗走资派的陪斗。陪斗不用挂牌子，只须低头弯腰地站着，受的侮辱比较轻。

上京申冤

　　日子在飞快地流逝，日历翻到了1967年，元月伊始就传来上海夺权风暴的信息，接着由太原大专院校红卫兵组织的宣传队来到平陆，在他们的鼓动下，平陆中学的红卫兵们也展开了夺权运动，学校党支部和校长的权力被夺，成立了由革命教师和红卫兵代表组成的临时革命委员会，主任是贫农出身的党员教师，姓何，为人倒比较正直。红卫兵代表则成为革委会成员，有很大的权力。

　　我乘"夺权"造成的混乱之机，不辞而别上了北京。此行是经过了深思熟虑的，我认为目前的处境根子还在"右派"旧案。尽管摘了帽子，从理论上讲回到了人民队伍，可实际上仍在另册，一遇运动就会拎出来羞辱一番。我要彻底挣脱这道可怕的紧箍咒只有把右派冤案翻过来，所以我决定去北京，到北外要求平反。但是这个想法太天真了。

　　早春二月的北京，寒风凛冽，可我的心却十分热乎。我是抱着巨大希望而来的。一下车我就直奔北外，以校友的身份找接待站，说明了上访的来意。接待我的红卫兵听了我的叙述略露惊讶的神色，说这件事该革委会政工组管，你先住下来慢慢联系吧。我被安排在一间装有暖气的学生宿舍里。放下简单的行李就去找政工组。受访的也是一位年轻的红卫兵，听了来意沉吟一会儿回答说，这类问题目前不处理，等到运动后期中央可能会有政策，希望我回单位参加运动云云。听了他的话我深感失望但不甘心就此放弃，于是又进城找中央文革信访组，接待人是一位中年解放军，他很耐心地听完我的申诉，略表同情地说：你的问题恐怕不是个别现象，但中央明确指示，右派不搞甄别，即使有问题也要到运动后期再说。

　　同样的答复使我绝望了，我决定回去了。走前在天安门广场看大字报，观礼台上贴的一排大幅标语吸引了我的注意力：炮轰周恩来，周恩来是哪个资产阶级当权派！落款竟然是北京外国语学院××兵团。我一下子就激动起来，临时改变决定：再返北外呆一天，贴大字报驳斥××兵团对周总理的侮辱。凭我对周总理生平的了解和对他的崇敬，我写了一张近千字的大字报，说明周总理一贯站在毛主席革命路线一边，是无产阶级司令部的人，不容别有用心的人歪曲玷污。大字报誊就后赶在天黑前贴到当年我任主编的板报位置上，署名"一校友"。回到住处不久，就听到广播站全文播出了我的大字报，而且连播了两次。此后不久，楼道里响起一片嘈杂的人声，我隐约听见什么"把那个一校友揪出来示众，看他是干什么的！保皇保到学校来了！"我立刻心里就明白了：北外也是两派，广播我大字报的是一派，要揪我示众是另一派。我闯了祸了！怎么办？被他们抓住了肯定没有好果子吃。好汉不吃眼前亏，三十六计走为上，好在人们并不认识我，我还来得及抽身。于是抢先一步踅出房门从相反的方向疾步走出楼道，等到那一伙人查问到我所住的房间时，我已经溜出后门了。匆匆赶到汽车站，去城里的车还未收班，我顺利地进了城，到火车站买了一张去三门峡的火车票，然后就在候车室猫了下来，五个小时后我踏上了返回平陆的行程。

不堪屈辱 计划出逃

　　从三门峡经由茅津渡回到平陆已是二月底了。一到学校就被当局派人监视起来，一再盘问我这些日子私自跑到了哪里，我如实说去了北京，问我干什么，我隐瞒了上访情节，说是看看大字报，见见世面，这话自是骗不了他们，于是加强了对我的监督，把我从单身宿舍迁到学生宿舍和同学们混睡在一张大炕上。白天我被罚同原党支部书记、两位副校长一起挑大粪，给菜地施肥；晚上睡觉前写检查汇报思想。

这样的日子过不多久，运动的形势好像又趋于紧张，明显的迹象便是批斗走资派和牛鬼蛇神的次数频繁起来，学生内部的两派斗争也更表面化了。进入三月中旬，我们这些批斗对象的日子更不好过了，有时一连几天被红卫兵们揪到县城大街上游斗，把人折腾得灰头土脸的，常有生不如死的感觉。这样的日子何时是个头呢？结局将是什么样子呢？在看不到任何希望的情况下，我想到了出逃，逃到太原或者武汉，躲得过一时是一时，活一天算一天，总比困死臭死在这里强。一经产生出逃的念头，就开始紧张筹划起来，首先是选择路线，走陆路便是经张店到运城，这条路线我走过不止一次，但是现在不同，车站肯定有人把守，黑夜即令混出了学校，要步行七十余里山路不被追回也是不可能的。另一条是走小路，从茅津偷渡到三门峡，然后坐火车。白天渡口是混不过去的，只有晚上游泳过河了。我曾于六五年的八一建军节参加过县武装部组织的横渡黄河活动，应该说成功偷渡还是有一定把握的。我只要半夜以上厕所为名，从厕所旁的矮墙翻过去，走上半个多小时路便可到达河岸，从那里到处都可以入水的。剩下的问题是怎样随身带一些钱和粮票。我以要复写检查为由找红卫兵要了有油性的复写纸，把钱粮票包起来，悄悄地缝在内裤里……一切准备停当，只待行动的那天晚上，不知是因为兴奋还是紧张，我感到十分烦躁，巧的是睡在我旁边负责监视我的学生也总是不停地翻来覆去，似乎早已窥透了我的秘密。时间一点点地过去，眼看黑夜就要结束了，我长长出了一口气，承认首次行动失败。

游街示众 身陷囹圄

眼睁睁地瞧见东方微露晨曦，一夜没合眼的我好像有一种不祥的预感，今天要出什么大事了！正胡思乱想间，宿舍门推开了，闯进来几个凶巴巴的陌生人，后面跟着本校革筹会的负责人之一，几年前毕业留校的学生柴喜登。他们一叠声地吆喝着："林慕荆，快起来，快起来！"我一轱辘爬起来，刚穿好衣裤就被来人簇拥着向校外走去，大街上没有什么行人，可不远处的县委大礼堂门口却灯火辉煌，旗帜招展；走近了才看见大门上方挂着一个横幅，上面赫然写着：公捕反革命分子大会！我脑子轰的一下懵了，只觉一片混沌，丧失了思维能力。待到重新恢复了意识之时，我发现被押到了舞台的后方，此前已有七八个形貌猥琐的汉子靠墙壁蹲着，两边的休息室内一片喧哗，里面的人正在争议着什么事情，听不真切。我被押到后也喝令蹲下。

大约过了半个小时，休息室内走出一行人、从帷幕后上了前台，就听得前台司仪大声宣布："平陆县公捕反革命分子大会现在开始"，接着就是"最高指示""县革筹会领导讲话""县公检法领导小组组长宣布公捕反革命分子名单"。前台点一个名，后台就从蹲着的人中押出去一个，我是最后一个。到台口后站成一排。这时只听得礼堂内此起彼伏地响起口号声："坚决拥护革筹会的革命行动！""坚决镇压反革命分子！""横扫一切牛鬼蛇神！""誓把无产阶级文化大革命进行到底！"……接下来宣读逮捕令，将"人犯"一个个用绳索捆绑起来，在脖子上套一个预制好了的大木牌，上书"反革命分子×××"、"没改造好的地主分子×××"等等，我挂的则是"现行反革命右派分子×××"。大会程序完成后，"人犯"在武装法警及红卫兵的押解下游街示众。走在街上的我已没有了灵魂，只剩一具人形躯壳，一堆行尸走肉，我内心在泣血地呼喊着：公理何在？

看守所里关押人犯的地方是一个长方形的小院，一排平房从中间隔开，两边分设男女监舍，中间一道小门通到后院的菜地和厕所。监舍正面则是一方小天井，供放风之用。天井上方是岗楼，由解放军县中队的战士站岗。犯人要大小解须先向哨兵报告："报告班长，×××去后边（大）小便呐。"得到允许方可如厕，完事后返回还得报告："报告班长，×××回来了。"监舍内只有一排长炕，约摸可容纳十几个人，每个人只能占据半米宽空间，门后放一个尿桶，供夜里使用，此外别无陈设。犯人带来的行李要放在自己的床头脚后，洗漱用具都放在墙根，白天除短时间放风外就坐在属于自己的那宽一尺半的炕上。由于室小人多，空气又不流通，汗气和尿骚气既酸又臭，熏得人坐卧不宁，直想呕吐，可你除了忍受又能怎样？要知道这是在实行专政啊！而且是以革命的名义啊！

同我一起被抓进来的还有五个人，其中一个是年近七旬的风水先生，为人算命看相，进行封建迷信活动；一个是强奸犯；一个是写反标的反革命分子；还有两个是惯偷。我竟然沦于与这些人渣为伍，也不知是哪辈子造的孽。

好笑的是那个风水先生真个叫是本性难移，他刚进监舍就忙着给难友们看相、拆字、卜吉凶，全然"忘记"了自己身在何处。我因事起仓促，没带一本书进来，干坐着百无聊赖。为了打发时间，我也请他为我看了相，他对我细细端详了片刻，又看过我的双手后，做出一副肃然起敬的样子，很恭敬地说："你这位同志是贵人的相啊。"我悽然一笑道："已经身陷社会最底层了，还谈什么贵不贵？"老先生正色道："论人不在一时一事，从你的相上看，天庭饱满，地角方圆，剑眉隆鼻，的确是一副贵相，可时下印堂发黑，命中有此一难，不出数月包你安然出去，日后必有大贵。"听他一番言辞像是个学过教育的人，于旧学易经之类有一定基础。但不管怎么说，我如今身陷囹圄，只渴望能早日恢复自由，还敢奢望什么贵哟。老先生姑妄言之，我就姑妄听之吧。

狱中受审 冤家路窄

　　当天下午我被提审了一次。看守把我带进一间不大的审讯室，让我坐在一张低矮的小凳上，在我前方三四米处有两张办公桌，桌后坐着两个审讯人员，都戴着红袖章，我认出其中一个是周庭芳，原平陆一中的政治处主任，后来调到公检法部门。真是冤家路窄啊，五年前就是这个周庭芳欲以"阶级报复"的罪名置我于死地，由于党支部的明察而未得逞，今天我又落到他的手上岂能轻饶？我正想着，周庭芳猛地一拍桌子，吼问道："叫什么名字？"

　　林："你知道了还问什么？"

　　周（再次猛拍桌子）："要你自己回答！"

　　林："林慕荆。"

　　周："犯了什么罪？"

林："不知道。"

周（冷笑）："不知道犯啥罪，难道是我们瞎抓人？"

林："你们心里清楚！"

周："会上宣布的你没听见？"

林："听见了。"

周："说，犯的什么罪？"

林："现行反革命右派分子。"

周："这不结了！为什么说不知道？"

林："这是你们给我定的罪，但不是事实！"

周："哼，到现在你还嘴硬，就你这个态度，有你的好下场！"

（林沉默不语）

周："说，你窜到北京搞了些什么反革命活动？"

林："请求澄清我的所谓右派问题。"

周："右派搞翻案就是反革命活动。说，还干了些什么？"

林："写了一张大字报。"

周（探头盯着林）："什么内容？"

林："驳斥北外一小撮人对周总理的攻击。"

周（失望地缩回头）："哼，这么说应该表扬你啰，简直是胡编乱造！"

林："不信你们可以去北京调查。"（我把大字报的标题、日期、落款都告诉了审讯人员）

周："告诉你，不要存什么幻想，回去好好写检查，老老实实交代问题，这是你唯一的出路。（与旁边的人低语了一阵）今天就到这里，下去吧。"

监牢人生

　　自此以后，过了许多日子就再没有提审过我，好像被这伙革命左派遗忘了。可这样污浊的环境，日子怎么熬呵。不行，我得采取主动，于是向左派先生们提出两点合理的要求：一、派人去学校取我的《毛选》《毛主席语录》，学习笔记本；二、尽快提审我，弄清楚问题该怎么处理就怎么处理，别要死不活地拖着。

　　要求传达上去后，《毛选》《语录》都送进来了，可提审的事还是杳如黄鹤。

　　有了红宝书，日子总算好过一些了，整天除了吃、喝、撒、拉、睡就捧着本书读，边读边记笔记，写心得、收获、感想，不知不觉红宝书被通读了好几遍，笔记本也记了厚厚一大本，思想认识也提高了不少。老老实实说，我从红宝书中并未找到自我批判的武器，反倒多方印证了我的思想行为从本质上讲是正确的，是符合毛泽东思想的。越学就越觉得自己冤枉，越鼓起勇气要为自己争自由！

　　在被关进看守所三个月后，我向当时的平陆县无产阶级专政委员会写了一份申请报告，要求对我进行公审，这样我就有机会公开为自己辩护，有罪就判，无罪就放。我在报告末尾写道："我相信群众相信党，相信无产阶级专政不会放过一个坏人，也不会冤枉一个好人。"

　　这份申请报告通过监管人员递了上去，我以为会有结果，可过了许多天仍无丝毫动静。

　　被囚禁的日子除了思想上的折磨，还得忍受饥饿和肌肤之苦。这里的每日三餐两顿是一碗玉米糁糁，一顿是一个玉米窝头，菜则是水煮白菜或腌咸韭菜，吃了上顿等不到下顿就饥肠辘辘了，好在是三年困难时期的过来人，虽然苦点倒也熬得住，更苦的是监室内虱蚤成堆，身上奇痒难当又不能洗澡，只有搔、拍、抓、捉以至于皮破血流。

获释出狱 受缚之鸟

这样不人不鬼的日子过了141天终于到头了。有一天刚喝完早餐玉米糁糁，一个佩中尉衔的解放军官带着一名看守来到监室外，唤了一声我的名字，说："把你的东西收拾收拾随我们到前面去。"同室的一个老资格狱友对我说："恭喜你，今天要放你了。那个军官是县中队的乔指导员，每次放人都是他来点卯。"我跟随乔指导员来到一间宽敞的办公室，两个中年干部坐在办公室桌旁，叫我坐在对面一张凳子上。乔指导同他们谈了几句话把一张纸条交给了他们就退出去了。两人中的一个接过乔指导的条子看了看，抬眼望着我说："林慕荆，我们是中共县核心小组的，你的问题领导研究过了，根据专政委员会反映上来的情况，认为你的问题没严重到判刑的地步，而且据说你进看守所后表现较好，能认真学习毛选，遵守监规，考虑到放你回去接受群众专政对你的改造有利，决定今天释放你。你有什么想法和要求？"

林："你们给我做了什么结论？"

干甲："没有结论。"

林："当初凭什么抓我进来？"

干乙："总是有罪吧，现在放你是看你够不上判刑。"

林："应当是无罪释放吧？"

干甲："话还不能这样说，放你不等于你无罪，回去后仍要接受群众专政。"

我思谋着这样的谈话是不会有什么明确结果的，与其白费唇舌甚至触恼了他们又蛮不讲理地继续将我关起来，不如先获得自由再徐图彻底解救之策。

林："我就这样回平陆一中去吗？"

干："我们给你写了一封信带回去，交给学校革委会。"说罢递过一封缄了口的信，我接过揣在怀里，说："可以走了吗？"

走出看守所大门的时候，与乔指导员擦肩而过，他对我微微一笑，我与他素昧平生，为什么要善待我，我感到非常奇怪，过了几年我从胡明炎口中才知道张殿芳那时已嫁给了乔指导。我蹲监时是她叫乔指导暗中照应我，怪不得我几次对外传书递简都不为难呢。

来到大街上我深深地吸了几口新鲜空气，从心底里发出呼喊：我自由了，自由了！但是我很明白，这个自由是暂时的和极其有限的，我面前的路还很坎坷而漫长，这就好比一只受伤的鸟儿，脚上还缚着线绳，它的另一端在捕鸟人的掌握之中，试问：会有放飞的日子吗？

乞丐与我

中学仍是乱哄哄的，红卫兵们忙于大串连、打派仗，我的回校并未引起特别的注意，我趁机向革筹组请病假，要求到省城看病，何乃仓很爽快地就答应了，他说："给你一个月假看病，必须按时回来，你现在的身份未定，仍属群专对象，这点你应该清楚。我们对你是按政策办事的，你到会计那里去领这几个月的工资。"我对何乃仓的态度是心存感激的。

出狱的当日下午我就过河到了三门峡。这是1967年8月4日，掐指算来，在看守所一共待了141天。这一百多天把人都饿坏了，到得三门峡街上第一件事就是要美餐一顿，把一百多天的损失补回来。

拣了个门面较大的饭店，按菜谱点了四菜一汤，又特地要了四两茅台。服务员一边上菜一边用好奇的眼光打量我，那潜台词是：这人好怪，一个人吃得完那么多菜吗，是不是有神经病？

菜上齐了我斟了一小杯酒一饮而尽，接着就举箸向几样佳肴轮番进攻，打算着吃它个盘光碟尽，大快朵颐，过足酒瘾，当一回老饕。可谁知身体太不争气，才三杯酒几箸菜下肚就感到头晕目眩，腹中腻气上升，原来久饥之人不耐补啊。

我四下望了望，见有几个面带菜色的乞丐正在觊觎食客剩下的残羹，就招手叫他们过来，说："这菜，这酒，都归你们了。"他们不相信地相互看看，没一个敢动手的。我连忙立起，抓住行李，甩下一句话就朝门口走去："放心吃吧，算我请客！"

走出大门后我回头一看，见那几个饿汉正在争抢着酒菜呢，我心头一热，留下了一行眼泪，这泪，是同情呢还是自我感伤？

亡命天涯 苦中作乐

回到太原父母弟妹自是十分欢喜，可听我说问题尚未解决，仍是群专对象，又为我担忧不已。

　　这时，太原的两大群众组织——兵团和总站的派系斗争日趋激烈，支左的69军是支持兵团的，军长张日清敢做敢为，竟敢把武斗的始作俑者——总站的头头、省革委常委杨成效抓起来判了死刑，这样便激起总站的群众更加仇视兵团，各地都采取了激烈的报复行动，凡是总站掌权的地方都以武力强迫兵团或投降或当逍遥派。于是张日清也遭到炮轰，孔老二杀了少正卯、张日清杀了杨成效的大幅标语贴满了太原五一广场，以致发展到大规模武斗，双方都用了枪械，酿出了不少血案。我住在太原一中，那里是兵团掌权，由于我的两个弟弟都是兵团的，我的安全没有什么问题。但是如果我回平陆，很可能就会遭到不测，因为平陆县的上层和中学掌权的都是总站派的，所以我假期满了不敢回去，学校见我逾期不归，停发了我的工资。我在太原住了近两个月觉得仍不够安全，于是便逃到武汉，住在表姐叶诤家。小姑妈家的两个表弟都来看我，为我接风，宽慰我说在武汉很安全，山西人员是不敢来抓你的，他俩都是武汉造反派红二司的活动分子，他们的组织是受陈再道支持的，所以腰杆子硬。

　　大表弟鲁连（乳名球圆）肄业于武昌师范学院中文系，在武汉市肉类联合加工厂工作。他天资聪慧，颇具才华，尤擅京剧，练得一手好京胡，师承杨派又兼各家之长。我在汉期间，他们文宣队正在各大剧场演出革命样板戏《智取威虎山》和《沙家浜》，鲁连担任琴师，二表弟鲁康（乳名南生）分别扮演主要角色杨子荣和郭建光，我便成了忠实的观众，基本上是每场必到。听完戏后下小馆子喝几盅，日子过得很逍遥，有时也就忘了自己逃亡者的身份。我因为有旧戏根基，学起样板戏来驾轻就熟毫不费劲。在武汉呆了三个多月，把《红灯记》

《智取威虎山》《沙家浜》《海港》等剧从头到尾背了下来。这样做，一方面是出于爱好，还有另一方面的考虑，就是多一条谋生的路，日后外语用不上了就教革命样板戏，往革命上靠总是不错的吧。

在武汉整日吃喝玩乐无所事事，表面上十分快乐，可内心的空虚和苍凉、迷惘和无助是别人无法想象的，每到夜深人静，我会感到自己像一叶扁舟漂浮在茫茫大海上，四周黑沉沉一片，看不到一丝光亮，耳边充盈着巨浪的喧嚣，生命的小舟随时都会被它吞没。

从太原出发时所带盘缠不多，坐火车还是冒充大学生买的车票，到武汉白吃白喝表姐和表弟的日子长了，心里过意不去，于是把才戴了两年的手表去寄卖所卖了一百块钱，充了一回大方，请表弟在五芳斋吃了一顿鳝鱼羹，给表姐家买了几斤鳝鱼和排骨，一家人打了一次牙祭，算是回报了。

教授京剧

11月下旬，家里人来信让我回去说山西的武斗形势已经缓和，考虑到老在外地终非长久之计，就于月底回到了太原，暂时住在父母处，想等平陆方面的消息，待一切正常了再回学校。期间经友人介绍，认识了市手管局原武装部长老袁，此人出身矿工，四十年代参加八路军，是典型的职业军人：打鬼子扛过枪，打老蒋渡过江，打老美跨过鸭绿江。回国转业到地方仍做武装工作。他喜欢京剧，听说我比较在行就交我做朋友。第一次见面我就坦率地把身份告诉他，他静静地听完后，没有说话，只是拍了拍我的手臂，我能感觉得出来其同情之心尽在不言之中。那年头因言获罪太寻常了。他留我吃便饭，把他爱人陈玉琴介绍给我。陈玉琴三十出头，风姿绰约，爱说爱笑。饭间她一再劝我在省城安心待着，她和老袁都是铁杆兵团，支左部队是支持兵团的，谅外县总站的人不敢来抓人，等局势平稳了再回去，她还安慰我说，五七年反右冤枉了那么多人，将来肯定会甄别平反。

吃过饭老袁请我唱几段京剧，我清唱了一段《红灯记》里李铁梅的"都有一颗红亮的心"和《沙家浜》中阿庆嫂的一段"风声紧、雨意浓"，曲罢老袁夫妇和他们的孩子都一起鼓掌叫好。掌声中老袁兴奋地宣布："我家的几个女孩子从今天起就拜林老师为师父了。快，美中、美慧、小球球，立好了向林老师行礼！"陈玉琴白了他一眼嗔道："你还没征求林老师意见呢，我家几个女孩子还不定够格哪。"老袁是个爽快人，马上接口说："行，行，让小林考考她们，看是不是学戏的材料。"我见他们这样热衷于孩子们学京剧，不好意思推却，就试教了几句，十四岁的美中和十二岁的美慧学得还上路，小球球因年龄太小（七岁）口齿不清。我说："不错，两个大的可以学，小的不作要求吧。"这样，袁氏小姐妹拜我为师的事情当时就定下来了。约好每天上午教两个小时。

他们家住在虞家巷，离太原一中不远，步行只需二十分钟。我每天九点钟左右到他家，教完戏在他家午餐，顿顿都有几个炒菜，顿顿必有汾酒或竹叶青。老袁说："我也不同你客气，家常便饭，酒管够，算是谢师。"我认为这已经很奢侈了，有吃有喝，安全无忧，足矣。

转眼就到了六八年春天，美中和美慧学会了《红灯记》《沙家浜》里旦角的全部唱腔，而且合得上胡琴——我在教她们唱的时候亲自为之操琴，对过门、垫头也都一一仔细交代过。后来我被平陆方面抓回去，教唱活动就停止了。没料到袁美中一年后报考69军京剧团被录取，再后来以工农兵学员身份被保送到上海二军医大学习，成了一名大学生。

数年后我与老袁再次在太原相逢，他告诉我，美中报考京剧团前他曾带其到太原京剧团拜访该团头牌花旦曹佛生，请她给美中指点指点。曹佛生听了美中几个唱段后，赞赏地说："这孩子唱得字正腔圆，板眼也足，难得难得。她是哪个老师教的？"老袁说，教她的老师叫林慕荆。曹佛生说，"这个人的名字没听说过，是搞专业的吗？"

无巧不巧 在劫难逃

三八妇女节那天，天气阴沉，大雾弥漫。我早上八点钟从太原一中出来，到五一路一家澡堂洗澡，九点钟光景如约去袁家教戏，手里拎着换下来的衣服行走在侯家巷子里。离袁家不到一百米的地方，迎面过来两个人，因为有雾，走近了才认出其中之一是平陆一中的杨效曾，另一个不认识。杨效曾也看清了我。他抢先一步拦住我的路，满面堆笑地说："老林，好久不见了，你咋不回学校呀？"我心头一惊，暗忖：莫非他们是来抓我的？杨做出亲热的样子，拉住我的一只手说："来来，咱们坐到路边上聊聊。给你介绍一下，这位是贫宣队的代表，"然后指指我："这就是林老师。"我强作镇静地说："你们来太原干啥？没我啥事的话我先走了。"杨赶紧拦着我，说："我们出差办点事，与你无关。学校复课闹革命了，等你回去上课呢。"他有一句没一句地同我搭讪着，那位贫农代表说要上厕所，走了。

就那么短短几分钟，我身后突然有人拍了一下我的肩膀，问道："喂，你叫什么名字？"我回头一看，是个穿警服的公安人员，贫农代表神情漠然地立在旁边。我回答说："林慕荆。"那位公安问平陆来人："你们要抓的是他吗？""就是他！"一副冰冷的手铐嗒的一声扣上了我的手腕。我大声抗议："你们凭什么抓我？"那位公安说："到厅里再说话。"原来山西省公安厅就在侯家巷口，真是无巧不巧，在劫难逃了！

押解回平陆一中接受群众专政，挨斗自是难免的，挂牌子，坐喷气式，推推搡搡也是寻常事，白天的劳动是烧锅炉，晚上或挨斗或写检查，总之是不让你闲着。这样的日子过了半年，我被送进县里办的学习班，参加的人员都是有这样那样问题的当权派，原先都有一定级别，或县处级，或科局级，我这样的平头百姓不多。进了学习班，我就不成其为目标了，日子也好过多了。

学习班的主要任务是清查有疑点的当权派们的历史问题。平陆县是革命老区，在任上的官员们一般都参加过抗日战争和解放战争，在日伪和国共拉锯时期确曾有个别干部投靠过敌人，重新回到革命队伍后隐藏了这段不光彩的历史。但是这次清查的面积很广，据悉几乎占到了科局级以上干部的三分之一，这一方面说明了中共对清算历史旧账的决心很大，可另一方面也表明了打击面过宽。我在学习班参加过不少次审判会，查出有真凭实据的叛徒特务寥寥。

在学习班这样的氤氲着红色恐怖的气氛中，我反倒觉得安全了，因为其矛头的指向是历史问题，而我是"现行"，且没有什么反迹可抓，在这里只配充当陪客角色，在没有批斗会的时候就看看书，听"难友"们说一些笑话、谜语。我发现这些大男人谈起女人来，津津乐道，编的谜语赤裸裸地下流。如：此物真稀奇，双峰夹一溪，有小鱼难养，无林鸟可栖（打人体一器官）。再如：宝物在炕头，夜夜爱不够，闻起来好臭，可价值无数。（同上）

学习班办了不到一年就解散了，没问题的人"站出来"恢复了工作，少数问题没弄清楚的回原单位继续接受审查。我，又是一个例外，既无历史问题亦无现行问题，可就是不宣布解放，还得受到群众专政：没完没了地劳动改造——掏大粪、种地、喂猪；没完没了地写检查；没完没了地接受"群众"批判，讲的还是两大问题，一是右派问题，一是反动标语问题，因为我不承认反党反社会主义，只承认犯了错误，所以被认为没有触及灵魂，过不了关。渐渐地除了少数积极分子群众对我这个"死老虎"失去了兴趣，批判会越开越冷场，终于从某一天开始，批判会不再开了。我感觉到解放的日子快到来了。

调入四中 改教英语

1971年9月13日，发生了震惊中外的"林彪坠机温都尔汗"事件。中央下达此事的文件我是没资格与闻的，但是有学生偷偷透给了我。不久又听学生说邓小平复出，重新主持中央工作，这意味着政治形势快趋于正常了，我获得解放的希望更大了。

也就在这一年，学校进驻了工宣队，为首的是一位从某工业局下放的十二级老干部王同志，由他兼任中学党支部书记。他四十岁，高高的个子，方方的脸庞，慈眉善目，说话慢条斯理，给人以亲和的感觉。工宣队进校不久王同志同我进行了一次谈话。他详细地询问了我的情况，我实事求是地一一作答。临了，他微笑着对我说："小林，我们仔细地查阅过你的档案，认为你没有什么问题，你对自己所犯的错误有所认识，但还不够，应该深挖，吸取教训。希望你相信群众相信党，正确对待群众运动，不要有怨气。现在我正式向你宣布：工宣队和校革委决定对你解除群众专政，让你重返教学岗位。你有什么要求可以提出来。"面对这突如其来的"解放"，我激动得差点掉下了眼泪。我极力抑制住兴奋的情绪，冷静地思考了几分钟回答说："王书记，我觉得继续留在一中不太合适，能否给我调动一下？"王说："可以考虑。你想去哪里？"我考虑到四中在张店，离运城很近，回太原方便，于是回答说："我去四中吧。"

1971年底，我调到了平陆县第四中学，同时调去还有代祖庆和李振儒。由于珍宝岛事件后中苏进一步交恶，中学的俄语课都停开了，我改教高中英语课。

我自1950年离开教会文华中学后，二十年来基本上没接触英语；在北外大三时虽然选修英语作为"二外"，可因为反右，也无心思学。因此，1971年我的英语水平是很低的，可以这么说：除了48个音标和26个字母，以前所学都还给了老师。不过我仍有强烈的自信，经过努力学习一定可以胜任教学任务。我利用寒假到太原买了一套北外出版的英语课本和一本英汉词典，坚持每天自学三四个小时。那些阔别了二十年的词汇、语法、语调都被我召了回来，不到一年，我自学的触角伸向高深方向，目标是恢复并超过我曾经达到过的水平。

我在四中的教学得到了广泛好评和教育局的认同。1973年初，县教育局决定在四中办一个英语学习班，为全县培训初中英语教师，教学工作由我负责；另派一位女教师当我的助手，她叫赵锁梅，毕业于运城师范英语班。

赴沪相亲

到四中以后，工作和生活都稳定了，感情生活的空虚就突出起来。尤其到了夜晚，寒衾孤灯，更是格外难耐。有时我想，我这辈子难道就孑然一身老死于斯吗？难道我就没资格成一个家吗？有时我甚至发狠：随便找一个女人结合拉倒，生儿育女，完成任务，管它什么爱情不爱情，管它被底是红颜还是秕糠！

百无聊赖之际突然接到一封上海来信，睽违多年的姨母信上说，听母亲向她介绍了我的近况，她很关心我的婚姻，愿意积极为我物色对象，问我要求什么样的条件。我回信说，自身的条件和处境都不怎么样，哪还能有高要求？请姨母斟酌着办吧。

姨母很快复信约我去上海度寒假，说要为我介绍女友，此女是江苏太仓某小学教师，其兄与姨母同事。如果我去上海，她将在其兄家同我见面。接到信后翻看日历，寒假将近，春节也不远，遂决定亲赴上海"相亲"。

赴沪前夕，临睡时发生了一件怪事：在没有任何外力作用的情况下，房间里的日炽灯泡突然爆炸，玻璃碎片溅落一地，所幸我毫发未伤，只是虚惊一场，但这毕竟不是好兆头，莫非那位小学教师爽约了？去还是要去，宁可人负我，不可我负人。

在茅津渡口意外地碰到了曾在看守所同监的那个风水先生。老先生一把拉住我胳膊要为我相命，我抱着可信可不信的心态，请他预言吉凶。他说我脸上喜气洋洋，定有大喜临门。我问他灯泡爆炸预示着什么，他说这是旧的去了新的来，究竟应在哪件事上则天机不可泄露……

到了上海姨母家，当晚就去造访她的同事。他以抱歉的口气告诉我们，其妹有病不能来了，因事出突然，未及通知我们，请我们原谅。

灯泡示警，果然不差。我只能怨自己运道太差。

在姨母家过了年初一，买好初三返晋的火车票，辞行时，姨父说："让你白跑了一趟，我们好不过意。我同你孃孃商量了，想另外给你介绍一个。镇上中街有一个叫李武丽的小姑娘长得蛮漂亮，还没有男朋友，我们同她的堂姐谈了，想介绍你们认识，如果双方有意，你们自己再谈，行不行？"我说："为啥通过她堂姐呢？她家没长辈吗？"姨母说："小姑娘没有爹妈，只有一个弟弟，在莘庄当工人，她六六届高中毕业，身体不太好没下去插队，在家待业。"又补充道："她上小学时我教过，人品不错，老实，长得也漂亮。"我犹豫了一下，说："我已经买好了明天晚上的票子，就不见了吧？"姨父笑道："还是见一见吧，如果大家愿意谈，票子可以退掉嘛，开学不是还早着吗？"我再想想，也是，千里百程来一趟，就这么两手空空地回去，未免太没趣了。既然有现成的女郎有待相识，见见又有何妨。于是同意见面。

姨母当即就领了我先去李武丽的堂姐家，然后一起到了武丽家。进得门来，随着堂姐一声呼唤"武丽，康先生来看侬来了。"只见从楼上款步下来一位娴静的姑娘，她身材适中，脸色白里透红，明眸皓齿，两颊一对酒窝，脑后拖一根粗大长辫，发梢上系了一方浅蓝色绸帕。她给我的第一印象是：秀外慧中，端庄温婉。寒暄之际她也似有似无地看了我几眼，从表情上看，她对我的印象也不坏。初次见面，没有太多的话可说，只坐了不到十分钟就告辞了。

按照事先的约定，成与不成，当晚就有了回话，双方都同意谈。

第二天我去预售点退了火车票。当晚武丽应邀到姨母家同我单独地进行了一次长谈。次晨武丽让我陪同她去南汇县新场镇看望她的姨妈——她长辈中唯一的亲人，实际上是让老人为她作主，是否认可这桩亲事。那天她姨妈家十分热闹，除了姨妈一家人，武丽的弟弟武申也从莘庄赶来了。他们烧了一桌子菜，鸡鱼肉鸭应有尽有，在北方罕见的甲鱼、螃蟹，也上了酒席。显然，他们是认可了我这个大学生的。谈到我的外婆康家，恰巧也是在新场镇上，这就更拉近了我们间的距离。我最担心的事情——姑娘和她的亲人们会不会嫌我在遥远的北方？——在家宴上也顺利解决了：同意武丽随我到北方，由我给她找一份合适的工作。山西文化落后，山村教师奇缺，估计谋个民办教师的工作不太困难，至于何时转正，就要看运道了。

我在上海又住了两天，陪武丽说说话，逛逛商场，说来惭愧，我拿不出钱来给她买一件像样的礼品，只买了几样小物件。心说，下一次来一定要送她一只手表。她对此倒不怎么在意，看得出，她看上的是我这个人，而不在于我有没有钱，这就使我对她产生了一种敬重之情。

我们在一起谈了些什么呢？她的经历简单而透明，几句话就说完了，我可就复杂了，遭遇了那么多坎坎坷坷的事，把原本应该很单纯的人生弄得一塌糊涂，最糟糕的是其中的是非和因果根本说不清楚。于是，她不问，我也不主动对她说，但我仍有负疚感，因为向她"隐瞒"了1957年以后的一段历史，不过我坚信总有一天历史会还我以清白，到那时我再向她坦陈一切，并请求她的谅解。

半年之后我再度赴上海，是去迎娶武丽到山西。婚礼是在她的住所举行的，巧的是双方长辈代表都是姨妈、姨父，平辈代表都是弟弟——武丽的弟弟李武申和我的弟弟林祝生，巧就巧在这并不是事先刻意安排的。

新婚生活 聚少离多

婚后一周我便携同妻子回到了平陆，武丽陪着我过起了条件艰苦的生活，我尽一切可能照顾她，首先请求县教育局为她安排了一个民办老师的职位，这在当时下放人员中是较普遍的。有了工作精神就有了寄托，收入虽很微薄，却有了自立的意识，而且于生活不无小补。其次，在饮食方面，我把有限的细粮匀给她吃。上海人爱吃鸡，当地的鸡价格不贵，便经常买了杀给她吃；她喜欢吃瓜果枣，我就托人四处求购，尽量满足其所需，以此作为对她屈居小山沟的一点补偿。她任教的学校名为张店公社西牛七年制学校，离四中有四十几里路程，从四中到那里要翻一道沟，爬一条梁，这对于一个上海姑娘来讲，没有足够的勇气和吃苦精神，是难以做到的。武丽做到了，而且甘之如饴，无怨无悔。

我们一周相聚一次，她周一自己去学校，我周六去接她回四中。在文化娱乐生活极度贫乏的山村，我们的精神生活就是在周末的时间里读读小说、杂志，谈谈对未来的憧憬，我们的愿望并不高，只盼不久的将来能调到某个中等城市，有固定的工作和收入，有两间可居住的房子，有一双活泼可爱的儿女，闲暇时看看电影，逛逛公园。

武丽周一去西牛要起得绝早，常常是天刚蒙蒙亮就上路了，每次我都要送到村西的沟边，亲眼看着她爬上沟对面的大路才与她挥手作别，然后注目跟踪她渐行渐远的身影，直到从视野中消失……每到此时，常常是泪眼婆娑难以自禁了，这倒不是由于小资的温情，而是怨艾自己太无能耐，不能给妻子以温暖安定的生活，让她吃苦受罪，尤其在寒风刺骨的冬天，望着她抖瑟的模样，我的心都颤抖了。

初为人父

我们非常珍惜周末这短暂的相聚，充分享受彼此所能给予的快乐。不久我们就发现上苍给我们送来了爱情的结晶。为了小宝贝能平安顺利地出世，我们比预产期提前了半个月来到省城。分娩那天母亲和我送武丽住进省人民医院妇产科。傍晚时分母亲回家了，我一个人在病房外守候着，手上捧着一本俄文版的小说，说是阅读吧其实看不下去，半天也翻不了一页，心思全记挂在妻的身上，眼睛也不时瞟向产房门。好不容易挨到了次日凌晨，产房出来一位护士向我道喜说："恭喜你，生了一个女儿，母女都平安！"我抬头看了看墙上的挂钟：4时45分钟。我飞快地在心里默念着：我的女儿出生于一九七三年四月二十九日寅时。我终于当爸爸了！

女儿出生后，妻子借住在父母租用的太原近郊一个老乡的家里，母亲照顾她坐月子，我暂时回平陆，满月后把妻女接回了张店。女儿的名字是爷爷与我们共同取的，叫做怡晖，希望她的一生充满快乐与阳光！

奔波生计 心力憔悴

　　为人父母的喜悦很快就被接踵而来的困扰冲淡了——工作与带孩子产生了矛盾。在我一再请求下，领导将武丽调到了四中，这样，合我们二人之力勉强可以抽空带养孩子，可仍是手忙脚乱，顾此失彼，特别是当我们二人同时有课的时候，为不使孩子从炕上滚下来，就得委派没课的老师代为照看。幸好代祖庆和李振儒是以前一中的同事，关系较好，他们自告奋勇地当起了临时保姆。这样维持了一个学期后领导决定武丽停职，解释说等孩子长大点再作安排。专门带孩子固然好，可我一个人月薪50元的收入要养活三口人，困难也就可想而知了。

　　小怡晖聪明伶俐，十分可爱，给我和武丽增添了不少生活乐趣。她满周岁时我们按当地习俗买了脂粉、红花及笔、书等物让她"抓周"，她抓的是一本书，在场的同事们都笑说长大了是个女秀才。

　　那年的暑假，我送武丽回上海探亲，特意绕道武汉盘桓了几天，在叶峥表姐赵士贵姐夫处下榻，到各处亲戚家走了走，拜见了两位姑母、姑丈和他们膝下的表弟妹们以及德芸大姐、张生哥哥。他们非常热情地款待了我们，每家都设宴为我们接风。武丽说她串联时到过不少地方，可没来过武汉；我就陪她把武汉好玩的地方都观赏了一番，大桥桥头、东湖之滨、黄鹤楼头、晴川阁下……都留下了我们的足迹，我还带武丽和小怡晖品尝了武汉的名吃：四季美的小笼包、老通城的豆皮、福庆和的米粉、早桃园的八卦汤……我是想尽量使武丽愉快一些，使孩子从小就见见世面。我承认自己无能，可我有一个真诚的愿望，就是要努力使她们母女过上好日子。事在人为，一切靠自己争取。

回上海安排好武丽和小晖，我马上返回湖北，去随县拜访昔日在纺管局的同事邹启贵。邹时任随县纺织厂党委委员和计划科长，我想拜托他设法把我调到该厂子弟中学，一来可以改善地理环境，二来可以相机为武丽安排一个稳定的工作。我认为以邹的地位，办这件事是不会为难的。

多年不见，老朋友相逢很是高兴。我向邹说明了来意，坦率地把自己这些年的际遇如实相告，强调"已通过了门槛"，现在是清白的。邹听完了我的陈述不胜唏嘘，安慰我说："过去的事已经过去了，党的政策是重在现实表现，你的要求我回头就去找有关领导反映，你先住下来，有了结果马上通知你。"他领我到厂招待所开了一间房，让我休息，答应下午四点钟左右告诉我结果，六点钟下班后同我回他家吃晚餐。

这时，我确实也很疲倦了，坐了三天轮船的统舱——为省钱，不舍得坐铺位，又马不停蹄坐了七、八个小时的火车硬席，到站后又拎着行囊步行十余里找到随纺厂，加之正值炎夏，在烈日晒烤下，头昏脑胀，口干舌燥，已有几分中暑的征兆。我在电扇吹拂的热风中躺下睡了。蒙眬中邹启贵叫醒了我，遗憾地告诉我，厂人事部门说子弟学校不缺外语教师，无法安排我的工作。接着安慰我说，"你会两门外语，不会找不到接受单位的。"天气热得似火燎，我的心却冷得像冰窖，对邹的话好半天都没有回过劲来。老邹拍拍我的肩说，"我告诉你一个信息，我们的老上级陈戈主任现在华中师范学院任党委书记，你去找找她吧？"我无可奈何地握了握老邹的手，说："好吧，我试试。"老邹请我去他家吃晚饭并要给我介绍他的妻子，我藉口要赶回武汉的火车婉言谢绝了。

在回汉的火车上，我发起了高烧，额头烫手，浑身酸痛，回到叶峥表姐家，骨头散了架似的躺倒在竹床上就昏昏沉沉睡去了。次晨醒来表姐对我说，"你昨夜讲了一夜梦话，反反复复讲什么'以后怎么办，怎么办？'是不是邹启贵那里没讲成？"我把随县之行的情况告诉了表姐，请她抽个时间陪我到华师找陈戈，再作一番努力。

为了赶时间，等不得病愈我就同表姐去华师拜见陈戈。分别十年，陈戈也显老了，她很关心地问起了我们特别是我的情况。我不敢对她隐瞒什么，把反右以来的实情讲给她听，最后谈到了我的要求，请她帮助我调到华师或它的附属中学教书。在我陈述的过程中，陈戈一直静静地听着，脸上没有什么表情，这是一个政工干部典型的神态，我说完后一点成功的把握都没有。我知道今非昔比了，以我现在卑微的身份，邹启贵无力施以援手，陈戈主任也不一定愿意惹麻烦。我正诚惶诚恐地等待答案之时，陈戈字斟句酌地表态了："小林，我很同情你，也很想帮助你，但是……"我知道"但"的下文是不会美妙的，但还是硬着头皮听完。告别了老领导出来，天色开始黑下来，我的心情也笼罩在这片昏黑的夜色之中。

湖北之行以懊恼、失望告终。

炎凉亲情 夫妻团圆

回到平陆不久，接武丽来信，说在她的努力下，镇中学聘她任代课老师，每个月有三十几元收入，这样我们这三口之家就不至于有衣食之虞了。不过，为能长久团聚计，我仍不放弃同妻子调到一起的努力。我向三个方向进行了联系，首先考虑的是湖北，因为是故乡，是南方，生活条件较好，山西粗粮太多了，武丽很不适应；湖北如果行不通，其次就是太原，太原是大城市，信息灵通，文化生活比较丰富，将来有利于孩子成长；太原如果也行不通，再其次便是力争平陆教育当局重新给武丽在四中安排代课，往后伺机另作打算。湖北方面，根据表姐提供的旧关系，我给云梦纺织厂的赵鸿基，汉阳国棉一厂计划科王科长分别去信，提出调入他们厂附属中学的要求；又向太原电力局翻译室一位老同学发信求援，争取调到该处当一名翻译；与此同时，多次赴县城找教育局领导请求为武丽安排工作。此时，我稍稍觉出自己在平陆是有一点分量的（至少在外语教学方面使用我是得心应手具有成效的），我提出如果不解决武丽工作问题就调离平陆，这样就可以迫使有关方面认真为我做一点实事来挽留我。

一晃又是一年，湖北没有好消息来，太原答应积极考虑，待研究了再答复。只有平陆作了允诺，让我把武丽再接回四中，给她安排一个教席。于是1975年底我再次去了上海。有道是小别胜新婚，夫妻一年不见，缠绵之情难以言表。更可喜的是小怡晖长得活泼机灵，已能口齿伶俐地讲一些词语简单的上海话。我教她唱样板戏，只三五遍她就能字正腔圆地唱出来，短短几天就学会了七八个唱段。姨奶奶、娘舅都夸她聪明，长大了肯定有出息。我和武丽也为小怡晖感到欣慰。

1976年元旦我们是在太原父母处度过的，那天我的两个弟弟、大弟媳以及小侄儿也都在。说起来又是一巧，我们三弟兄工作的地方都带有一个"平"字，我在平陆，大弟在原平，小弟在平顺，据父母说，按他们初衷，当年如果生了四个男孩，便依次取名为庆生、祝生、和生、平生，前边四字为庆祝和平，意思是经历了抗日战争和国内战争，人民不要再受战乱之苦了。哪知第四个男孩小产了，现在由三个大的以所居地名来弥补，这岂不是巧？另外三个媳妇，包括和生的未婚妻都姓李，依次为李武丽、李淑云、李心纯，这是不是巧？这是偶然还是必然？莫非真的世事都于冥冥中有一定的安排？

这是我们弟兄成家后的首次相聚，很是难得，应该很欢快，可是，却出人意料出现了不谐音。阳历除夕夜，一家三代人围坐聚餐，大家兴高采烈，有说有笑。不记得谁问了我一句："你们要回平陆过春节吗？"我答："想把武丽和小晖暂时留在太原，我先回去落实她的工作，安排妥了她们母女再去，这样可以给平陆一点压力，如果一起去了就不主动了。"大家沉默了一会，父亲突然说："你们还是一起走吧。我们现在住的房子是你妹夫邹优昌去香港后留下的，随时可能被校方收回。"我说："我去的时间不会太长，主要是促使平陆为我解决困难，多年的社会实践教训了我，我不能不运用一定的手段。"父亲固执地说："叫你们回去你们就回去，这里不能留，短时间也不行！"我生气道："我有难处，你当父亲的，连这点忙都不能帮？"父亲板着脸不吭声，我陡地怒火上冲，厉声叫道："你既然如此绝情，那么请你坐好了受我一拜，从此断绝父子关系！"我边说边离席而起。父亲别过身子，嗫嚅道："这是做什么？这是做什么？"此时，大弟低语道："现在大家经济都独立了，往后谁也不靠谁了。"小弟则低头吃饭，一言不发。我原以为他俩会为我帮腔的，他们从小到大到独立，我这个大哥出过不少力，仅拿"文革"时期父母亲被红卫兵押解回乡期间来说，当时两个弟弟没有了生活来源，尽管我处境很糟，还是及时按月给他们寄生活费，不敢稍有迟缓。可现在，当我最需要亲情的时候，看到的却是如此决绝的场景，我的心真是凉透了！

这时，母亲看不过去了，她用不容商量的口吻说："武丽和小晖就留下吧，这事我作主了。"

经过多次恳谈，武丽终于重新在四中获得一份工作，我们的生活总算稳定了下来。

噩耗连连 心生绝望

1976年，对于我们共和国来说是非常不幸的一年，年头上是敬爱的周总理不幸逝世，接着发生了天安门事件，再下来是唐山大地震，几十万人丧失了宝贵的生命。愁云惨雾尚未消散尽，倍受敬仰的朱总司令和伟大领袖毛主席又相继逝世。接二连三的噩耗令我感到震撼和悲痛。9月9日那天，当我从广播中听到毛主席逝世的讣告时，眼泪忍不住奔涌而出。令我不可理解的是，我周围不少人脸上并无悲戚之情，有些出身好的人，仍旧有说有笑！照理说，他们如果没有毛主席就不可能翻身得解放，因此应该比我更加悲痛才是呵。

同一年的农历闰8月15，还发生了一件使我椎心泣血的伤心事——我妻子分娩的第二个孩子由于乡下医生操作不当，出生不到一个小时就夭折了。可怜的孩子是被呛死的，我和武丽还没来得及抱一抱他呢！我真后悔莫及呀，如果我把妻送到县医院就好了。我对不起这可怜的孩子，我一辈子都不会原谅自己，我要终身忏悔和祈祷，愿他已顺利升入天堂。

　　我同妻子努力地工作，悉心地抚养孩子，日子平静地流淌着，如同一泓平静的溪水，没有起伏的波澜，也没有浪漫的色彩。由于教学任务繁重，白天上课辅导，晚上批改作业直至深夜，很少有闲暇娱乐；由于穷，连个收音机都买不起，音乐也听不成。有时我暗忖：我们这小小的三口之家也许就这样蜗居山林一辈子了……

第四部　泰来

否极泰来　双喜临门

凡事物极必反。共和国遭到许多不幸之后终于赢得了粉碎"四人帮"的胜利，接着邓小平复出，恢复高考，知识分子又受到重视，我的处境也有了改善：让我担任毕业班班主任，当教研组长。这些都是政治待遇，意味着我又真正回到了人民内部，不被视为阶级异己分子了。

轻松的日子是比较好过的，不觉两年过去了，我迎来了对我们的命运有决定意义的时刻，1978年的冬天。11月才入冬就好事连连，20号清晨，爱妻顺利产下一个胖墩墩的麟儿，稍后又从中午的广播中得悉中央在北京召开工作会议，这是一次为十一届三中全会作准备的重要会议，会上讨论了为"天安门反革命事件"以及一系列重大冤假错案平反的问题；晚上接到县教育局通知，让我次日去局里办理武丽由民办教师转为公办的手续。我和妻子高兴地说：我们儿子是一员福将，他的降生给我们带来了好运。当晚，我们给孩子取了一个乳名：宝宝。无论从什么角度说，他确实是我们的宝呵！

是啊，苍天有眼，否极泰来，我的厄运即将过去，我们幸福的四口之家将要扬帆启锚，乘风破浪，去迎接新的生活了。

1979年3月12日是我生命历程中最难忘的日子，这一天我收到北外党委政工组的一份通知，现照录于下：

通　知

林慕荆同志：

根据中共中央（78）55号文件精神和一九五七年中共中央"划分右派分子的标准"，经对你的问题进行复查，属被错划，院党委已批准予以改正。改正决定另寄。

特此通知

北京外国语学院政工组

一九七九年三月六日

这姗姗来迟的喜讯令我激动不已，我盼望这一天整整二十一年了呵，而这二十一年恰恰是人生中最宝贵的时段！但是我还是要感谢上苍，感谢共产党。我耳畔响起了俄罗斯的一句谚语：Лучше поздно, чем никогда（迟做总比不做好）。

这时，也只能是这时，我才原原本本地、详详细细地将此前漫长的日子所发生的一切娓娓地讲述给武丽听。对这个现实的故事她表示理解与同情，她安慰我说："苦难已经过去了，我们都还年轻，可以创造幸福的新生活。"有了妻的支持和鼓励，我要重新振作起来，创一点事业，四中太小了，我能做的也只是普及教育，虽然也有成效，但是毕竟太少了，在我任班主任和教外语与语文两门课的班上，首次参加高考就被录取了三名（谢英兰、王铁娃、×××），用当地人的话说，"山窝里飞出了金凤凰"。三名大学生，这算不了什么，如果我调到大学搞教学和科研，是不是会做出更多成绩？

别了平陆 后会有期

3月19日，我去了北京，目的很明确：通过旧关系联系调动工作，回城市，到大学。在北外拜访了昔日的词汇学老师王天成教授，他也曾被错划右派，改正后奉调去国际关系学院组建俄罗斯研究所，我托请他把我也调过去，保证尽力做好工作，他微笑着说："你的情况我很了解，当年就是我推荐你作为留苏对象的嘛。"当他听说我有两个未成年的孩子时脸上显出了难色。他说："按政策，没有讲师以上职称的人进北京只能带一个户口，而你有三口，怎么办？"我想了想，确实不好安排，只带妻子而把孩子的户口暂时留在平陆，不但粮油的问题不好解决，而且孩子的入托、上学都有困难。王老师说："我还可以推荐你到山西财经学院工作，那里的黄教务长是我的同学，去那里的话同在一个省，就不存在户口问题了。"我表示同意后，王老师给他的学生写了一封推荐我的信。着实把我夸奖了一番。

离京前我兴致勃勃地游览了天安门和王府井。来京的几天我一直住在北外招待所，吃的是学生食堂，不舍得乱花一分钱，想从薄薄的囊中留出钱来给妻子和儿女买一点礼物带回去。我漫步过长安街，拐进了王府井，蓦然听见高音喇叭播放悦耳动听的《拉兹之歌》，勾起了我早已尘封的学生时代的记忆，有恍同隔世之感。是呵，就在昨天，除了八个样板戏和毛主席语录歌，你还能欣赏到什么？文艺的宽松是政治宽松的前兆，知识分子的春天不是正在扑面而来吗……

回平陆前我先去平遥拜访财院黄教务长，他看过推荐信当即表态欢迎我到财院工作，说了一段很恳切的话："我们山西财院文革被砸烂了，原校址也被占用了，现在正筹备恢复，原有的师资基本上都散光了，也正联系他们归队。你来，拟请你重建外语教研室，你任室主任，你爱人也调来，可以搞电教。孩子都可以上太原市户口。这样安排你看怎么样？"我毫不掩饰自己喜出望外的心情，兴奋地回答说："行，行，谢谢黄教务长的信任，我这就回去办请调手续。"

我回到平陆向县教育局申请调财院，遭到拒绝。这时山西省电力局有了回音，同意我去该局工作，县教育局也不同意。调太原市的希望破灭了，于是我转向临汾山西师院，在好友胡作群（他是"文革"中期调入师院的）的力荐下该院同意我去任职，可平陆方面仍然拒绝，理由是同样是教书又同样在山西境内为什么非得离开平陆，请调理由是不充分的。

为了找到充分的理由，我将目光投向了故乡，以回老家对身体有利为名请调，果然平陆就默许了。我给武汉的表姐夫赵士贵写信，请他替我联系接受单位，我自信以我的学历、资历教大学外语还是不成问题的。他复函说武汉高校暂不缺人，荆州有一所北京内迁的石油中专最近升格为大学，名为江汉石油学院，非常缺乏师资，让我同他们联系。我迅即给石油学院组织部门去了一信，附上一份简历，毛遂自荐，承诺能够胜任愉快地承担高校教学任务，很快接到石油学院复信，邀我到该院面商，由院方出差旅费。我向四中领导告假一周，打算亲赴荆州一趟。四中的领导是我在一中时的入党介绍人赵玉堂，他非常同情我的境遇，支持我调动工作，照准了我的假。

两天后我赶到了荆州，同石油学院组织部门的负责人见了面。他详细问询了我的情况后说，凡是调进学院的教师都要先进行试讲，这是领导规定的程序，希望我能理解。他领着我到招待所开了一间房，让我先休息。不大一会儿他又领着一个人进来，此人个头不高，方方的脸，肤色泛青，看上去不大健康。他对我介绍说此人名叫雷欣，是外语教研室负责人之一，想让他与我用英语交谈一下，算是对我口语能力的测试。我们用英语交谈时他一旁听着，从他漠然的表情上看出他并不懂英语，只是在观察我是否能够熟练地应答而已。交谈结束，他便迫不及待地问雷："怎么样？"雷答："不错。现在能讲英语的人不多。"口语关就这样过了。又约我第二天试讲一篇课文。次日下午，一切程序都走完后组织部门那位负责人对我说："我们决定把你同李武丽一起调过来"，还特别关照说，给你开一个商调函带回去办手续，希望你能在十一月中旬来报到。早来半个月可拿到石油部门每月特有12元野外津贴，我心算了一下我们夫妇可以多拿24元呢，24元，对于我们穷人是很诱人的嘞。这一天是10月31日，我必须在半个月之内赶到。

11月7日，我怀揣着平陆县教育局的介绍信，携妻契幼，离开了落难二十二个年头的伤心地山西省平陆县，这里的山山岭岭留下了我青春的脚步，洒下了我的汗水和泪水，这里还曾记录了我妻子辛劳的身影并且永远留下了我们的骨血，这一切我都不会忘记，我也不会忘记这里质朴的老乡和一切善良的人们对我真诚的关爱。曾有过的屈辱、挣扎、奋斗和酸甜苦辣虽已化为云烟，但却永远铭刻在记忆里，深埋在梦魇中了。

别了，平陆，我还会回来的，不管是爱还是恨，毕竟有一份难以割舍的情牵连着我与你。

终返故里 亲情暖心

德芸大姐全家都到汉口火车站迎接我们，那天秋风瑟瑟，黄叶飘零，可浓浓的亲情温暖了我们的心。大姐和姐夫段先楷当晚就以美酒佳肴为我们接风，频频举杯，庆贺我们返回故里，从此结束了长达四分之一世纪的漂泊生活，席间洋溢着融融的暖意和欢声笑语，孩子们也很懂事，不满周岁的宝宝一直笑嘻嘻的，怡晖还给姑姑们表演了几段样板戏。这样的欢乐是无忧无虑的，是多年来不敢奢求的。

在大姐家住了一周托运的行李才到，其中有几件新打的笨重家具是鲁家两个表弟替我们取出来又为我们办理了第二次托运——从小路由汉口到沙市。如果没有他们，我还真束手无策呢。

乘轮船去沙市的那天，汉口的亲戚段家、叶家、鲁家都来送行，连素来娇气大、架子大，从不参加迎送之类应酬的小姑妈美菊也亲自到码头送别，我真有点受宠若惊呢。

这次在汉口短暂的停留，我时时处处都感到了亲情的温暖，亲戚们对我的新生由衷高兴，表达的感情热烈而真诚，世间还有什么比这更珍贵的呢？

此处不留爷 自有留爷处

到江汉石油学院报到后我才发现自己对来这里工作思想准备是不足的。我没想到组织科给我分配的工作是到子弟学校教书，××同志解释说，"看了你的档案，知道你有教中学的经验和管教务的经历，我们的子弟学校新建不久，这方面的人才奇缺，希望你理解。"我说："坦率讲，如果来这里是教中学我就不会来了。我来就是要教大学，请你们重新考虑。"××同志同意再研究研究。情急之下我直接找到了最高领导章贻俊院长，向他陈述了我的要求，他答应给组织科打招呼，让我过两天再去组织科听回音。两天后我如约又到组织科，这次接待我的是涂科长，他说他们重新研究了，让我还是去子弟学校，说如果大家都不愿意去，那子弟学校就办不成了。又说，"你要求调来是因为有困难，我们给你解决了，你也得为我们的困难想想。"他说这番话的时候态度比较强硬，使我很不舒服。这次的谈话不欢而散，工作问题没定下来。

又过了两天，突然章院长、白副院长和组织科史干事来到我住的板棚房（建院初期，条件简陋）"看望新来的同志"，我趁机又向章院长提出教大学的要求，章院长以征求意见的口吻对我说，"我们是新建院校，教职工的子弟就学是很大一个问题，希望你体谅学院的困难，先在子弟学校做一段时间的教务工作，等一切上轨后再到大学任教"，第一把手说到这个份上我再不让步面子上就过不去了，于是我说，"好吧，我先搞两三年吧。"

对答应了的事情我必须守信，尽管这是拂逆我的本意的，我在子弟学校一干就是三年，首先抓了两件事，一是申请入党，二是努力工作。

在子弟学校开展工作，其困难的程度超出了我的想象。这所学校中小学合在一起，由统一的党支部和校办领导，下分中学部和小学部；我被任命为中学部负责人。中学部是刚成立的，没有固定的教室和办公室，三天两头的搬迁完全取决于大学部基建的规划与进度，今天哪里腾出一排房子了，明天哪几间屋要拆除了，中学的教室与办公室随之奉命转移。频繁的变动使学生们学习很不安心，他们中的绝大部分本来就是石油部门的职工子弟，跟随父母过惯了流动生活，从大庆到北京，从北京到咸宁，到江汉平原，现在有了固定的校址可仍然没有固定的教室，浮躁的心灵还是安静不下来，上课思想不集中，不认真听讲，说小话，做小动作，课堂秩序很混乱。任课老师们对这样的局面感到头痛而又棘手。

我上任后抓的第一件事就是整顿教学秩序，有针对性地拟订了七条规章制度，使师生在教学活动中有章可循，有规可依；其间又把十名最调皮的学生剥离出来成立一个特别班，委派一名有教学经验，有耐心的女教师当班主任，把这些"脱缰野马"认真地管起来。经过一段时间整顿，教学秩序大有起色，校风校纪有了改观，学生的学习态度和成绩也逐渐好起来了。可为了整顿校纪校风，我夙兴夜寐，早出晚归，付出了艰辛的劳动，常常连早餐都顾不得吃，并且还曾遭遇过个别调皮学生的袭击，巡查自习时被石头打伤手臂。对长期受过苦难磨炼的我来说，这些都算不了什么，使我感到难以容忍的是心理上还要受到屈辱。

事情应该从何说起呢？

某天下午，我到学院教务处找分管子弟学校的×处长汇报工作，在办公室门口被一个干事拦住了，说先要进去通报，让我在门外等候。少顷，那个干事出来对我说："处长说了，他很忙，今天不空，小学校的事情以后再说。"我说："事情很急，请再跟处长讲讲，我只耽误他几分钟。"干事不耐烦地一挥手，说："你回去吧，能有啥急事，不过是个小学校嘛，处长是不会见你的！"我被他那傲慢的态度、冷漠的表情深深地激怒了，心说见你娘的鬼。你、还有你的处长，芝麻大个官，端的什么臭架子！晚上睡在床上，想白天的事越想越气，听说××处长是五零年代广西大学毕业留校的；近年恢复职称评定后被评了个副教授，而刚由中专升格的石油学院便把这号人当个宝礼聘过来，封了个教务处长的官。广西大学本是落后的边远地区一个名不见经传的学校，那里的副教授算得个啥？如果谦虚点倒也可叫人尊重，偏生傲气十足，不知天高地厚。我是天生教小学校的吗？凭什么受你们的鸟气！老子不干了，此处不留爷，自有留爷处。主意打定，尽快另寻"留爷处"。

入党作诱 错失良机

我分别给武汉的表姐夫赵士贵、北京的张扬老师去信，托请他们帮我联系新的接受单位。很快就有了回音，赵士贵说中南民族学院缺外语老师，他有同学在人事科已谈好同意调我去该校任教。北京的张扬老师是我父亲的挚友，我一直对他执弟子之礼。他"文革"前曾任新华社驻日内瓦分社社长，因得罪了权贵，被姚文元点名开除党籍逐出新华社，下放到山西师院教英语，我是在那里认识他的，三中全会后他落实政策回到北京。他来信说对我的处境深表同情，认为我受到的待遇是不公正的，愿意帮助我摆脱困境，接着介绍说他早年的一位大学同学，最近奉派去广东组建汕头大学，如果我愿意去他可以鼎力推荐云云。最后他写道："你还年轻，有条件走，也应该走。"

我怀揣回信去找子弟学校校长兼支书张育琴，通知他我要求调工作，让他告诉组织科，我将向他们提交请调报告，请他不要留难。张育琴感到事出突兀，半晌不则一声。我坦率地向他解释说，在子弟学校工作受不到应有的尊重，心理上有很大压力，思想上也不痛快。张育琴说，他将把我的想法向党支部和组织科汇报，希望问题能在内部解决。

几天后张育琴来访，告诉我支部和组织科都不同意我调走，特别提到院党委对我的入党问题十分重视，指示支部抓紧培养和考察，争取尽快解决。张见我沉吟不语便不失时机地说："你申请入党几十年，现在很快就能解决了，如果换个新环境，不知又会拖到何时？"他的话触到了我的痛痒处，为了实现几十年的追求，我在决定命运走向的关键时刻放弃了师友们给我提供的机会，同意继续留在石油学院工作。

小人当道 有恃无恐

其实这又是我的一厢情愿，事情绝不是我想象的那么单纯——本人积极申请、表现好＋组织上考察合格＝加入组织。不是这样。这中间还有理不清的复杂人事关系。你要认真工作，坚持原则，往往得罪人而不自知，而你所得罪的人恰恰又有某种背景，于是不利于你的流言蜚语四起，飞短流长陡生。你想澄清吗？却找不到源头；你想辩论吗，却找不到对象，因为这些都隐匿于暗处，你就是明白也徒叹奈何！有两个例子最能够说明问题：例一、在一次高三教师座谈会上，有一个教员突然向我发难，说我独断专行，什么都是一个人说了算，以至对老师们态度专横，听不得不同意见，希望校领导和党支部管一管，别让我凌驾于党支部和校委会之上，云云。原来此公因经常不能按时批改作业和按规定编写教案而受到过我的批评，于是伺机泄怨。我知道他的后面站着一位有一定组织人事权力的官员，所以才敢如此嚣张。我立即反驳说，你能举出证据吗？如果不能，只能说明你在诬陷我，我知道你敢于公开攻击我是有恃无恐的，我可以明白无误地告诉你，你回去告诉你的后台，"有恃无恐"四个字是我林某人说的。我的话引起在座诸同志纷纷议论："谁是后台？""老林太没涵养了，不该讲这些话的。""×××太过分了，我看老林是按原则办事的。"……

例二、为了保证附属中学首届高中生能有人考上大学，教务会决定高三年级分快慢班，以便集中精力做好快班学生的工作。并拟定了分快慢班的几条原则，其中最重要的一条是：经过严格的摸底考试划出进快班的分数线，同时又明确规定这是集体的决定，任何个人都不得违背，包括教务会的成员。很快这项工作就顺利实施了。可时隔不久，就有人找上门来，通过支部书记对我说，学院某科长的女儿想进快班，可分数不够，能否给予照顾？我说"你这位书记呀，怎么这样不讲原则啊？"把他顶了回去。第二天书记又找我谈，说是院党委组织部长亲自到附中为某科长说情，说是如果不让其女进快班他就要求调离学院，而此人是个人才，学院不舍得放他。我听火就上来了，很不冷静地说：请转告组织部长，我林某人也是个人才，让我放弃原则我宁愿走！结果不欢而散。

在这样的背景下我的组织问题一拖再拖，据悉有一次支委会已通过接纳我入党的决议并上报到组织科要求领取表格，遭到某负责人拒绝，理由是党外群众还有不同意见，支部也只好"下级服从上级"了。

由于长期劳累，超负荷地工作，加之心情不舒畅（每周任十节课，任教导主任兼毕业班负责人），我于八三年底病倒了，先是发烧、咳嗽，发展到吐血、气喘。不得已住进了校医院。经诊断系因积劳引发的肺炎，输液消炎整整半个月才基本康复。出院后我再次向章院长提出教大学的要求，获得他的同意。他指示组织部将我从中学调出，安排到院属干部培训部教英语，学员大多是高中以上文化程度的各油田业务部门的中青年干部，学制两年，结业后拿大专文凭，我接手的三个班是：财会、物管和劳资，所用教材是中南财院编的本子，比较浅显。我觉得没什么意思，不利于自己业务水平的提高。可有关领导还通知我上讲台前要试讲，这使我非常恼火，这不明摆着是看不起人吗？接着又发生了一件不愉快的事：我到培训部教研室上班要领一张办公桌，总务处的人说我不是讲师不能配五斗桌只能发一张三斗的。简直岂有此理！我不是讲师是因为服从了工作需要未教大学，而我作为中教五级可享受讲师待遇是上级有关文件明文规定了的，凭什么到我这里又卡壳了！这时候，恰逢国家石油部派员下来巡视各单位落实纠正历史上冤假错案的情况，我也被邀请受访，便借机反映了下边落实政策不细致的问题，举了三个例子，一个是我的工资应在1952年调干上大学前行政19级的基础上调一级，虽然本人多次反映仍然没有落实，其他两个例子便是前面提到的，我归结为一句话：党的政策千般好，可落实起来却万般难，让人心情舒畅不起来。下来的干部认真记录了我的意见，表示要向院党委提出来，争取早日解决。

对这次访谈我抱有很大希望，可最终却是一场空欢喜。上面的人走了，下面依然全无动静。这使我懂得了一个道理：你不要去轻信什么，也不要对事情抱太多的希望，这样才会少一点失落感。

到培训部后入党的问题又被提了出来，党总支书记陈玉树听了我对这个问题的汇报，感到不可思议，按党章的要求到了水到渠成地步还会卡壳！在他的主持下，总支派了组织委员胡国红专门为此去到中学了解情况，召开了党内外群众座谈会，广泛听取了意见，得出比较客观的结论：群众对我的评价是好的，个别人有不同意见是事出有因可以理解的。总支据此向组织部作了汇报，并申请了志愿书表格。据说先前曾拒绝颁表格的那位负责人这次又出来说话了：林慕荆年龄偏大了，是否发展应该考虑。被陈玉树当场顶了回去，说党章并没有对入党作年龄限制。又据说，培训部总支原订发展新党员计划我列第一、周德新（一位年轻干事）第二、……可到了组织程序启动之时，临时又变动了，把周德新提前了，说是组织部门决定要提拔他。喔，原来提干前先要入党啊。所以我入党又推迟了近半年，于1985年元月才于支部大会通过。算算年限，从我首次提出入党申请，到成为一名党员，经过了三十个年头，从一个风华正茂的青年变成两鬓斑白的半老头儿。具有讽刺意味的是，曾经优先于我入党并提拔为副处级的那位青年俊彦几年后竟涉嫌经济问题受到审查，在审查期间此公利用其握有外事工作权力之便开溜去了国外，他的案情也就不了了之。

而在我身上组织部门总有人在做文章。陈玉树想让我主持改组后的教研室工作，报了几次上面不批，借口是以后还会搞机构改革，教研室可能撤销。陈玉树说，眼下的工作就要有人来做，组织部说那是你们的事。于是陈找我商量，让我当"代"主任，把工作抓起来。我呢，也不计较"代"不"代"，工作为重吧，就答应了他，我觉得他这个主任当得也怪不容易的。说穿了，因为他没有高学历和文凭，而现在看一个干部把文凭看得很重，有句民谚说："年龄是个宝，文凭不可少，资历作参考，关系最重要。"

没想到有人对我的学历和资历也产生了怀疑。那是在一次庆祝教师节的会议上，培训部办公室主任宣布颁奖名单时，把我的名字列在了学历大专教龄23年那一档里，得的是二等奖，而获一等奖则应是学历本科、教龄25年以上。我听了非常生气，觉得处处有人同我作对，也太不公道了！主任宣布完后我右手两根指头敲着桌子说道："主任，你刚才说培训部获一等奖的没有人，这话不对，鄙人就是一个！"主任辩解道："这份名单我是从教务处抄来的，如有错误那是我工作不细。"我说："你不要代人受过，这里有鬼呢！有人想踩我脚后跟。我明确讲，我一九五八年毕业于北京外国语学院本科，同年当老师至今，教龄27年。"与会的同志见我激愤的样子都会心地笑了。

这段日子我精神上最大的安慰就是学生对我十分尊重和信任，我所任班主任的财会班，学生来自五湖四海，都是各个油田选派来的优秀分子，他们因为"文革"荒废了学业，现在亟需补课，所以学得非常认真，除了攻读专业知识，对公共课——外语和高数，也刻苦学习。他们业余也要搞一些文娱活动，气氛十分活跃。我同他们朝夕相处，也感受到青春的朝气，精神也振奋起来，把不愉快的事情置于一边。

1986年10月份我被评为讲师。有了这个职称，在分配三室一厅分房榜上才有了我的名字。已有的三室一厅早已分完，我还得等到下一批。

劳郁成疾 二闯鬼门关

在培训部，我的教学任务很重，要带三个班的英语、兼一个班的班主任，又要代理教研室主任之责，假期里还要给函授班面授英语，没早没晚日复一日连轴转，两三年下来终于又把身体累垮了，开始咳血发低烧。在沙市治疗一段时日，无效，便转到武汉军医陆军总医院就诊，经拍胸片、照CT检查，诊断结果竟然是外围性肺癌！这个结果并没有直接告诉我，而是告诉了我的五妹——她也是一名医生，五妹婉转地告诉我说，肺部有一个包块，性质不明，需开胸探查，又说与医师商定，切开胸腔后，将包块取部分活体组织当即进行病理检查，一刻钟后即可确定是恶性或良性，如系前者必须将整叶肺切除，如不是，就作消炎治疗。院方术前征求我本人意见，我与前来陪侍的武丽商量，觉得此方案可行，便同意了。

确定手术日期后，我和武丽在洪山脚下散步，彼此心情都很沉重，可谁也不愿表露出来。我在思想上做了最坏的打算，心想，万一出了事，妻儿均无人照顾，情何以堪！我此刻十分想念两个孩子，可又不愿召其来汉一晤，怕惊扰了他们。武丽安慰说，吉人自有天相，不会是肺癌，手术也会顺利的。我们手挽手走回病房，道了晚安，依依不舍地分开了。

第二天上午八点钟手术开始。手术室外守候着七十多岁的老母亲、武丽和五妹。我在吸入麻醉剂的瞬间，心情竟异常的平静，我有强烈的自信：我能够顺利地甦醒过来。

手术进行了八个小时，下午四时才结束。可对麻醉了的我来说似乎只是一瞬间。醒来的第一意识就是：我还活着！接着便是难以忍受的疼痛，浑身火烧火燎。难怪呀，肺被切掉一叶，肋骨拿掉了两根，胸口插着导管，鼻腔插着氧气管，两条手臂分别插了输液和输血的管子，身子完全动弹不得……

医疗误诊 啼笑皆非

老母亲和武丽都陪侍在身边，她们眼里流露出欣慰的神色，毕竟我又经历了一次凶险的大手术，再次从死神手中挣脱出来。当我的神志完全清醒时，脑中跃出一个特大问号——切除的肿瘤是良性的还是恶性的？这个问题才是至关重要的，如果是恶性的，手术的成功只不过能稍稍延长生命而已。我没敢开口询问，从母亲和妻子的表情上看似乎答案是乐观的，可为什么她们不直接了当地告诉我呢？

当晚，母亲回汉口去了，妻子被特许留在病房陪侍。因刚刚做过手术需要观察，我被安排在一个单间。夜阑人静时我忍不住问武丽：化验结果出来了吗？她摇摇头，说："没人告诉我，我也不知道该问谁。"她安慰说："吉人自有天相，不会有坏消息的，安心休息吧。"

一连两天，主管我的贾医生没对我通报病情，他每次查房都是来去匆匆，不留时间让我提问，我心中犯嘀咕：是不是他在有意隐瞒病情，怕影响了我的情绪？其实，他越是躲躲闪闪，越是加重了我的心理负担。

到第三天下午，五妹从汉口过江探视我，专门去了医院的病理检查科看我的病理切片化验结果，随即兴冲冲地跑进病房笑着向我和武丽报喜："恭喜恭喜，特大喜讯——哥哥患的是中心型肺炎。"啊，原来是一场虚惊哟！武丽和我都是喜极而泣，当即发电报回学院通知六弟祝生，后来听说这个消息迅即传遍了整个行政楼，此前学院里早已传得沸沸扬扬，说我得了肺癌，还有人打趣说："又报销了一个哪！"

手术后十一天便出院了。临行前向主刀医师、管床医师辞行，感谢他们为我成功地做了手术，同时也表达了我的遗憾与忧虑，为什么他们没有按照事前约定的程序操作，而使得我的肺切除过多、肋骨也去掉两根，受到的创伤太严重了！严格地讲，这应该算作医疗责任事故，尽管当时我碍于情面没有这样讲。出乎我意料之外的是，他们连一点点歉意都没有，只是强调：我肺上肿瘤的部位药力难以达到，整叶肺切除大方向是正确的，因为这个病灶有可能会癌变。是这样吗？直到现在，我脑中仍留着一个大大的问号。这次误诊给我的健康造成的损害实在太大太大了，从此以后我的呼吸变得短促，影响到心脏也时常跳动过速并且不规则，更为严重的是出现了前所未有的头晕目眩现象，好像整个人体顿时衰老了起来。

二十四年前我在山医附属医院做胃切除手术后，许多人都说我"大难不死，必有后福"；临近老年了却遭到了更大一次手术，这算"福"吗？我哭笑不得。

卧床静养 人间温情

回到荆州，见到日夜思念的儿女都很健康，略感欣慰。女儿上初三，学习成绩很好，在班上是前三名。儿子上小学三年级，性格偏于内向，言语不多，一个多月不见，同我生分了，从外面回来，见了我像学生见老师一般，头也不抬地说了句：爸爸好！我问他话他回答得极其简短，就三两个字吧。说到学习成绩，他说期中考试排名第八，不上不下。后来我向他的班主任了解情况，班主任说他上课听讲不专心，开始那十来分钟还听，以后就不听了，在座位上动来动去或者看书什么的。总之，爱动却不大爱说话。这孩子的性格与一般孩子是有很大不同呢。年龄还小，逼不得，只有正面诱导。他爱看科普读物、名人传记，就给他买或借。很快他便迷上了物理和物理学家，对爱因斯坦、居里夫人、杨振宁等大师崇敬有加。他写作业的效率很高，腾出许多时间看科普读物和鼓捣一些小制作如航模、炮筒之类。这孩子喜欢自然科学已经略显端倪了。

按"伤筋动骨一百天"的说法，我回到学院后一直在床上躺着，在章贻俊院长的关照下，附中同意让武丽回家照顾我一个月，当起了全职太太。工作多年来，我还是头一次享受这样的待遇，过着饭来张口、衣来伸手、身旁有妻子厮守的消闲日子。可武丽是明显地消瘦了。养病期间，许多同事包括中学教工都前来探视，使我感到了友情的温暖；最使我感动的是社科部讲授经济学的青年教师严小成，隔三岔五就会来家一次，不仅嘘寒问暖，而且帮助武丽到很远的菜场买排骨、黑鱼之类的菜肴，无论刮风下雪，从不间断。他说他很同情我们的境况，愿意施以援手。日子久了，我与他成了无话不谈的忘年交，有时还讨论一些社会问题。看得出来，严小成是一个很有学养的正直青年，应该有远大的前程。

老父离世 怀才不遇

回到家还不足二个月的时间，一天汉口突然来电话，说父亲病重，召我速往探视。出于亲情天性，顾不得自身衰弱的病体，简单收拾了一下行装就赶赴汉口了。老人已住进长航总医院，精神时好时坏，每探视一次心情就沉重一次。几天后病情有所好转，从各地赶来的七个子女以为短时间内不会有大变故，便纷纷离去。这次七个兄弟姐妹全体相聚是五十二年来的首次，由于父亲病重，气氛不怎么轻松，互相也没有多少话儿可说。人生的聚散竟是如此无常而迅急。三十六年不过一弹指间耳！下一个三十六年是断然不可得了！

回到荆州继续养病，精神略见恢复，又接汉口来电，谓老父病危，召子女俱往送终。

4月12日下午三时我再次匆匆赶到五妹家，进门五妹便告我父亲已神志不清。我蹑手蹑足踅进他的卧室，母亲正坐在床沿陪伴他，越过母亲肩头，我看见父亲那张消瘦得脱了形的脸庞和呼吸急促的痛楚模样，不由得心酸泪落。我换过母亲的位置，轻轻拿起父亲瘦骨嶙峋的一支手，凑近他耳边低声呼唤道："爷父，我是庆生……"他费力地睁开眼，无神地凝视着我，似乎已认不出我了。我忍住泪水强装笑容说："我是庆生，看望您老人家来了。"他点点头，用微弱的声音说："你什么时候来的？"我答："刚到，我是取冰箱来了，顺便也看看您。"我不敢说实话，怕伤他的心。其实，我想，他老人家已处在弥留状态，自知不久于人世了，只是彼此未说穿而已。我的泪水忍不住一串串流了下来。

这次陪侍在侧的只有我、五妹和祝生，其余姊妹都还未及时赶来。4月21日凌晨二时四十五分，在我们及母亲、金林的环侍下父亲咽下了最后一口气，安详地走了。在给他换衣服移遗体的当儿，我痴痴地想：人生如梦，转眼即逝，人活着究竟是为了什么？什么是生命的价值？……

两天后在汉口姑嫂树殡仪馆小礼堂给父亲举行追悼会，子女中除七弟在日本，有六个参加了。我破除了卑不为尊者改悼词旧例，为父亲改了悼词，用三个词概括了他的一生："学而不厌，安贫乐道，追求真理。"如果父亲地下有知，当不会不同意的吧。

追悼会后遗体即行火化，我们子女六人捧了骨灰登上由金林安排的专车回到陶山铺，在事先准备好了的墓地举行了骨灰安葬仪式。族人参加仪式还有九姑妈美爱，二叔美谦，应该指出的是，父亲从卧病到去世，他最喜爱的八姑妈美菊连一次面也未露过。

父亲去了，他是带着巨大的遗憾去的，因为他这一生有太多的无奈，失去了太多的机遇，"怀才不遇"四字对他来说再恰当不过了。他早年攻读政治经济学，颇有心得造诣，曾有志于撰写学术专著，已列出大纲，拟好细目，不料突燃抗日烽火，祖父猝卒，一家子人生活重担一古脑儿压在他肩上，为养家糊口疲于奔命，哪有闲暇寄情著述？此期间他曾任教于石磷中学、金陵中学、省万中，教授国文，因工作之需他潜心钻研中国文学，广泛涉猎传统文化尤其对古籍情有独钟。由于他勤奋聪颖，博闻强记，几十年下来，他对古代文学了解精熟，本人也写得一手好文章和诗词。1953年，他的老师时任山西大学校长的邓初民先生召他去山大执教，因为迟到了一些日子，邓老已卸去了山大校长职务，只好暂于太原一中棲身。五八年经友人推荐，山西省教务厅拟将他调山大执教，已将档案调阅过，渠料又节外生枝，据说档案中发现他有历史问题——曾有人揭发他解放前有特务嫌疑。自然，调大学之事就此告吹——这也是"文革"以后才知道的，当时却还蒙在鼓里。而老蛰伏在中学，他精深的楚辞研究和极有见地的文心雕龙释义，除了偶尔散见在相关学术杂志上外，没有什么用武之地，发挥不了太多的作用。不过像他这样的知识分子何止他一人，又如何惋惜得过来。

冯唐易老 李广难封

　　办完丧事返回学校立即接手"大学语文"的教学任务，我心里明白，教大学语文对我来说多少有点勉为其难，我的古典文学底子薄，尤其在文字上没有受过严格的训诂方面的训练，对古汉语语法也是不甚了了。但临到任务加身之时只好以勤补拙，现买现卖了。

　　第一轮讲课下来，学生们反映尚佳，评分在平均值之上，选课的也还踊跃，上课的大教室总是挤得满满的，这使我受到鼓舞，坚定了我对这门课深入下去的决心。在初步通过了教学关之后，科研问题就提上了议事日程。这件事与职称评定是直接挂钩的，八八年申报副教授，由于没有过硬论文，在省里卡了壳。也难怪，我的精力都用在了教学上，且接手语文课不满一年，哪来论文可写？而此前的几十年都忙于应对上头指派的任务，哪有余暇写论文？没评上你去怨谁？留心补救才是正途。于是我从课本上找出值得研究的问题列出写作计划，用不到一年工夫发表了大大小小五篇文章，于是集在一起以作下年度评职称之用。哪知人算不如天算，从八九年到九二年因受政治风波影响，全国停止职称评定工作，到九二年下半年才恢复了申报，这时我已经五十八岁，垂垂老矣。

　　令人费解的是，以往教社科的评职称不考外语，到我申报时加了一条"必须考外语合格"。这对我来说虽不是什么难事，可为什么好事偏轮不到我呢？出于强烈的自尊心，我决定考出好成绩来。在俄、英两门外语中，我选了俄语，毕竟是我大学时代学的本专业，底子厚，拣起来快。在图书馆借来几本俄语的本科教材，定下了复习进度，把所有业余时间都搭了进去，用了近两个月把厚厚的两本书通读了一遍，许多已遗忘了的词汇和语法重新贮进了脑子，自觉足以应付考试才罢。好笑的是，期间有几位同样要应试的"举子"竟生吞活剥地要了我为阅读释义的草稿去背，这算什么呢？是考试制度评职称方法的悲哀吧？

果不出我所料，湖北省五高校高级职称申报人员的外语统考命题非常浅显，煌煌18页试卷我只用了四十五分钟便答完，估计得分在95分以上。我离开考场时，看见有几位平日傲气十足的老兄有的正挠耳搔腮，有的在吮吸笔头。事后听说，这次外语过关的人寥寥无几，可是又说考试成绩仅供参考，评职称并不受到影响。我的感觉是又遭到了一次戏弄，也为我国的"取仕"办法感到不解。

1992年10月，我终于通过了院、省两级评审，被评聘为文学系列的副教授。张榜公布那天，我正好路过，遂停步浏览，在"退评"一栏后见到了我的名字。老天爷，原来这个迟来的高级职称竟是组织上额外恩赐的，除此还能作何解释？此时此刻我联想到早些时候从报上读到启功的一首打油诗，其中有句好像是："情趋左，派属右，五十九，副教授……"顿感释然。这就是命！

说来可怜，我本无意博取什么虚名，但是事关收入高低，为养家糊口培养子女计，也只有入乡随俗，置身"竞职"洪流了。如今总算有个结果，不过至此也就到头了，往后还有什么争头？今后就拿着副教授的退休工资养儿育女居家度日子好了。如果说还有什么想头，那是与公共事业毫不相干的，只是一心培养两个孩子成才，希望他们将来能够超过我，在社会上建功立业；彻底甩掉我经历过的厄运，过无忧无虑的生活。

相妻教子

　　女儿怡晖高考失误，只被我院应化系环监专业（大专）录取。按院里政策，专升本必须连续三学期班里第一。女儿奋发图强、一一做到了，升入本科环工专业。她心气很高，不满足于本科学历，又刻苦自励，于毕业前考取了华南理工大学的研究生。与此同时，儿子怡若在学业上突飞猛进，小学毕业时考了第一名，并且获得市、校两级多种奖项。以他的成绩可以进荆州、沙市任何一所重点中学，但考虑到孩子小，在外校读书路途往返费时且不安全，决定就读于附中。

　　儿子上初中后变了个人似的，除了上学，在家里也是读些科普书籍，从不到外面打游戏机（当时孩子们中是成了风气的）。看电视只看新闻联播和焦点访谈，偶尔看看体育节目也极有节制，不溺迷其中。他的学习成绩直线上升，期中期末的两次考试，他总是总评第一，有人称他是冠军专业户，三好学生和学习标兵的称号年年不落空，更值得欣慰的是他并不停留在接受知识上，而是偏重于探索知识的"所以然"。以数学为例，解一道题他要寻求多种解法；再以物理为例，对公式、定理他总是要穷追几个"为什么"。他的任课老师对他的评语是：林怡若的思维方法与众不同，他解过的题有时与标准答案不一样，可你切莫急于说他错了，有的是属于多种解法，有的甚至是答案本身有问题。作为一个父亲和教育工作者，我在他身上看到了希望，他是一个可堪造就的人才，如果引导得好，再加有好的机遇，他是能够成为一个出色的科学家的。我给自己这个监护人订了几条要求：第一条在学习上鼓励他做他感兴趣的事，绝不勉为其难于所不喜欢的领域。我通过观察发现他对文科不感兴趣，复习文科只是出于应付而成绩平平。对此我并不苛责，而是千方百计引起他的兴趣，如通过做游戏背成语，为其摘录绝妙好词供他休息时赏玩，逐渐启发他对语言文学产生好感而适当将这门课兼顾起来。这样做一是出于高考有总分要求的考虑；二是语文是基础，基础不厚实，必定限制理解力、想象力、表现力；三是文学与自然科学是相通的，囿于一个狭窄的领域就难有什么大的成就。我要求自己的第二条是当好后勤部长，在经济条件允许的情况下，千方百计为其补充营养，使他体质强健起来。这方面我于孩子们是有愧的，在他们孩提时代，我忙于工作，根本就没有认真照顾他们的生活，孩子们都营养不良，严重缺钙。于是现在努力弥补过失，坚持让孩子每天喝牛奶，吃鸡蛋，平素在菜肴上也下足功夫，让他们爱吃多吃。几年下来，他们的身体状况有所改善，虽然仍旧瘦弱，但身体素质较好，不闹什么疾病。

转眼到了1996年的夏天，儿子面临高考了。报考哪个专业，哪个学校作为报考的第一志愿，我比儿子本人还要操心。我深谙高校录取新生的操作规程和各个档次的分数线，一旦有了差池就会落得考了高分却只能进差校的结果。按儿子的实力，达到清华的分数线应该没有问题，可临近考期他的健康状况欠佳，牙疼纳差，精神不旺。再者，他独立生活能力差，去北京上学我们不放心。武汉离家近，便于照顾，但他本人对武汉的高校不感兴趣，勉强不得。翻烂了各高校招考简章，比较来比较去，决定把第一志愿定在上海交通大学。该校也是一流的名校，而且在上海有舅家可以照顾他。至于报什么专业也是颇费踌躇的。儿子酷爱理论物理，种种迹象表明他在这门学科上有过人天赋。交大只有应用物理，我过多地考虑到孩子的生活问题，在不完全符合其志愿的情况下，为他填报了应用物理，第二志愿就报了工程力学。最终他被录取到了交大工程力学系。我缺乏自然科学方面的知识，以为力学同物理相近呢。

我亲自送儿子去上海报到，行前同舅佬通了电话，他很高兴，答应将在码头迎候。坐上东方红5号轮，突然有一种宿命的感觉：七十年前我的父亲从南京乘轮船赴上海求学，现在轮到孙子辈了，不同的是，那时父亲是只身一人闯十里洋场，如今是孙子去到两代人的外婆家，这是命运使然还是一种巧合？

在上海盘桓了五天，领着儿子报了到，马不停蹄地即刻买棹西上，赶着如约在武昌与女儿会合，送她回广州上学，她读研二了。

在返汉的轮船上，想到女儿在广州有两位姑姑照应，儿子在上海有舅家帮扶，心里自是快慰，于是每顿必到餐厅小酌二两白干。一次正自斟自酌时，来了两位旅客同桌进餐。一张口就知道是武汉老乡——一个说，"个板马的，真热死人了！"一个应，"婊子养的，开着船还冒得风！"我听到乡音备感亲切，不禁问了一句："两位是出差回武汉的吧？"其中一个黑胖子回说："你家猜对了。你家出来旅游？"我笑道："送儿子到上海上学。"那个白净脸说："你家几大年纪了，儿子才读大学？"我说："今年六十二，大女伢也还在读书，研究生，我到武昌要送她上火车。"他们二人一起站着，大声赞道："你家真是一个伟大的父亲！"我听了一怔，我那当得起什么"伟大"哟，一个平头百姓而已。不过这说明了一般老百姓还是很尊重知识、尊重知识分子的。

在武汉关（即昔日的江汉关）下船后马上赶赴武昌民主路油田招待所订好房间，女儿乘的学院校车稍后抵达，略事休息我带小晖到阅马场、司门口各处走了走，沿路指指点点，介绍了一下街道的情况，尽管挂一漏万，也觉意兴盎然。在我的潜意识里，我是希望若干年后孩子们学成归来，在武汉成家立业，我也就落叶归根安享晚年了。

晚上九时许，把女儿送去了广州的晚班车，千叮咛万嘱咐，教她上车勿与陌生人搭讪，车到广州后直奔专线公交车站，到了学校马上给家里打电话报平安，等等，等等。俗话说儿行千里母担忧，事临己身方知其言不谬。次日上午我乘校车返校，进到家门便接到女儿电话，高兴不已，一颗悬得老高的心才算放了下来。

模范党员 退休感念

我是1994年按时退休的。人们都说退休会有失落感，可我没有，因为我勤垦工作了四十年，贡献十分努力，于个人的名利并无所得，所以也就谈不上"失"与"落"，何况近年又遭一次大手术，健康一蹶不振，搞教学科研已是精力不济，该歇着了。

就在退休的这一年，组织和领导体恤我，给我评了模范共产党员。当我在全院表彰大会上披红花沐浴在镁光灯光环中时，有如在梦中的感觉，"这是我吗？"——"1958年2月站在北外某教室里接受开除团籍处理决定的那个人不是我吗？"——"1967年3月19日平陆县大礼堂舞台上以反革命罪被绳索捆绑的那个人不是我吗？"二十世纪中期以后发生的事情太多了，凡是关联到我的也都无一例外地与共和国变化有关。我没有哭，也没有笑，我怀疑自己的神经出了毛病，连兴奋点都找不着了。

哦，是了。二十世纪把我们这一代人磨炼得水火不惧，对什么都习以为常，我们该换一种思维方式和生活方式了。

退休了，生活的意义是什么呢？工作的时候意味着社会需要你，单位需要你。不工作了，就是说社会和单位不需要你了，你曾经承担过的一份责任已由人顶替，你从一个并非可有可无的人变成为一个多余的人，лишний　человек（多余的人）——这真是一个贴切的词，俄国的智者发明了这个词，它的含义太丰富了。可是人不仅仅为社会活着，为工作活着，他还应该为需要他的人们活着。活着的意义不就是两个字——"需要"吗？

被说滥了的"奉献"也罢，创造也罢，归根到底不就是被需要吗？社会的需要是一种需要，家人的需要不也是一种需要吗？何必只计前者而忽略后者呢？细细追索起来，其原因在：一个长时期的政治文化氛围可以把一个人熏陶成一架机器，它永远按照既定的程序操作。

我明白了，虽已退休，但家人需要我，我得供孩子们上学读书，帮助他们不断上进直到成家立业。很快地，社会会需要他们，也许他们会成长为中坚，那么，这个过程里我就被社会间接地需要了，由是我的生活仍然有意义了。既然如此，我就得自觉地、尽心尽力地完成自己的任务，不但要活着以一份退休金作为对孩子们教育的投入，而且还要关心他们德智体美诸方面的健康成长，时不时地通过家书诱导他们始终如一地追求真善美，全面提高道德文化素养，不要仅仅囿于狭窄的专业知识。

矛盾与痛苦

　　1998年，我女儿考上了博士研究生，实现了我们林家三代人的愿望：三十年代我父亲梦想出国深造被当时恶劣的家庭条件扼杀了，我五十年代留苏读副博士的计划被"反右"运动冲击了，在二十世纪行将结束之际，女儿进入了博士研究生行列，为我家争了气，争了光，也为她弟弟怡若带了个好头。这真是件值得庆幸的事情。

　　2000年我儿子以优异的成绩由本科直升硕士研究生。这一年李武申的女儿结婚，我和妻赴上海参加了婚礼。我们一家四口又在上海团聚了。在喜庆的日子里，我同儿子有一次并不令人愉快的谈话。

　　话题是由怡若直升研究生起的头。我说，"你读完硕士后是否还继续读博士？"他点点头，说："老师和校方都想让我读直博士，一共读五年，每年给五千元津贴费，让我签合同我没签。"我说："这是好事呀，为什么你不同意？"他非常认真地答道："交大和国内的科研水平和条件都比较落后，我想出国深造。"我问："去哪？"他说："去美国。"我沉默，并非不赞同他的想法，美国的科技和高等教育世界一流，无可非议，但是儿子离开我们，舍不得哟。良久，我试探着问道："留在国内不行吗？你认为交大不行可以考清华或中科院呀。"他回答得很干脆："不行，美国我非去不可。在读硕士期间着手准备考TOEFL、GRE，拿美国的全奖出去读博士。"他说这番话时显得很自信，用了一种不容置疑的口吻。

　　谈话没有持续下去，换了一个轻松的话题。我一方面为儿子追求完美和献身科学的精神深深感动，另一方面又为挽留不住儿子而心灵受到刺痛。我了解儿子的性格，一旦决定了的事情是绝对不会放弃的。从理性上说，我完全支持儿子的抉择，在这样一个物欲横流的时代儿子有这样高尚的精神境界使我感到自豪；但是，从感情上讲，作为一个年迈的父亲，我又希望他在国内读博士，留在我身边。谁能体味得出：深刻的矛盾会产生多么深沉的痛苦。

这个矛盾与痛苦一直伴随着我直到今天。

留美前夕 促膝长谈

2001年4月，儿子考GRE得了2340的高分，此前考托福也超过了650分，为去美国留学奠定了坚实的基础。

2001年10月起，怡若开始从网上查找美国与其专业相关的著名大学、专业、教授，接着便发email报名，这期间他同我保持着密切联系，我能为之做的一是提参考性意见，二是抓紧为之筹措报名费——约需八百美元。找了几个亲戚（至亲），都不帮忙，幸亏女儿的男友李少云及时帮我们解决了这个问题。2002年春节前后，儿子陆续收到美国大学复函，基本上全表示愿意录取他，差别在提供的offer多少不一，最具吸引力的学校有明星级的麻省理工（不提供全奖）、宾夕法尼亚大学、康奈尔大学，伊利诺伊大学、威斯康辛大学等。我和妻、女儿都倾向于康奈尔，可临到正式寄资料，儿子做了一个出人意料的决定，婉拒康奈尔等校，到伊利诺伊大学去，理由是该大学不仅力学强（全美排名前五），而且还有许多享誉全球的名教授分布在各个系，儿子希望有机会时选择一个更有兴趣的专业——力学系主任哈森教授在电话口试中给了他这样的提示和承诺。

我们当然尊重他的选择，他的选择说明他不务虚名，务实求是，是经过了深思熟虑的。

顺便提一下，我国著名的教授华罗庚归国前就是这所大学的终身教授。

儿子出国前夕我同他作了一次长谈，话题的中心是如何实现他最感兴趣的专业选择，并在这一方向上做出突出成绩，以及在适当的时候回到祖国为国效力。我不无感伤地说："我老了，体衰了，不可能再有什么成就了，只有寄厚望于你了。"儿子再三嘱咐我要保重身体，鼓励我要振奋精神，拿起笔来完成写作的愿望。我说，我将努力争取活到你的爷爷奶奶的平均年龄（概算约八十六岁），亲眼看到你在科学事业上的杰出贡献。还有一个梦想，就是等你回到上海成立一个美满的家庭，我和妈妈与你一起共享天伦之乐。

对儿子的未来我是充满信心的，以他的智慧、志向和潜力，科学上的成就是指日可待的。对自己的健康我却毫无信心，我真的不知道什么时候会突然颓然倒下，因为三次大手术从肉体上、坎坷的经历从精神上，两面夹击，残酷地摧垮了我的身体，我现在确实临到风烛残年，摇摇欲坠了。每当我因劳累或行动过量引起头昏眼花耳鸣心悸之时，我就会思念起女儿和儿子，就会从心底里向他们无言地默告：孩子们呀，你们的老爸快不行了！……

2001年是值得纪念的一年，7月份女儿完成了她在华南理工大学的博士研究生学业，进入广州市环保局当了一名公务员。我和妻亲赴广州祝贺，同她一起生活了七个月。这年的年底，儿子联系美国的大学获得满意结果。姐弟俩不期而然地完成了博士学历的接力。

送子赴美 无尽思念

2002年7月，我偕妻又去了一次上海，欢送儿子赴美留学。没想到会遇到一段小插曲：儿子在办理护照时发现户口本上的出生地（上海）和本人申请表格上的不一致（山西平陆），要把户口本改过来，而交大当局不肯，必须有平陆的证明，否则护照便办不下来。要命的是办护照的期限很近。事情急在燃眉。幸亏我们已到了交大，于是当天打电话给平陆的代祖庆同志（他当过副县长），托他找平陆公安局开个证明寄过来。代祖庆热心快肠，次日就把证明用特快专递寄往上海，三天后我们拿到证明，此时离办护照最后期限只有两天了。真是吉人自有天相。

在武申弟的鼎力协助下，怡若出国前的准备工作进行得很顺利。送别的时刻终于到来了——8月8日，武申一家，我和妻，包了一辆面包车到浦东国际机场送怡若上飞机。在安检入口处我们同他一一握别，互道珍重。怡若一直微笑着，神情很激动，我们做长辈的却难掩依依不舍情，送别声中含着哽噎，笑意中闪着泪光。

怡若于北京时间10日中午（美国东部时间9日晚上），经过一天多的飞行，安全抵达伊利诺伊大学。行装甫卸便打来了长途电话报告平安。此刻舅舅家响起了一片欢乐的笑声和掌声。他在电话中向我们报告了他的行程：从上海出发经由东京到圣何塞，然后飞圣路易斯再转飞伊利诺伊的Champaign，是先他赴美的一位女同学接的机。有意思的是他们以前并不认识，只是事先由另一位叫陈佩佩的同学作了安排，他们通过email约定了接机时间和怡若的外貌特征。从这件事我不得不叹服现在的青年比我们年轻的时候办法多多了。

孩子漂洋过海，万里迢迢，远在异国他乡，从分别的那一天起，我便陷入对他的无尽思念之中。在我的心目中，好像他总长不大似的，是一个在生活起居上仍然需要别人照料的大孩子。我老在想，他在美国安全吗，生活愉快吗，学业工作顺利吗……按照我们的约定，怡若到美后每周打个电话回来。在电话中他总会有说不完的话，表不尽的情，但是他绝不向我们流露丝毫不愉快的情绪。其实他过得很辛苦，有很大的压力，因为他同时要承担三份工作：读博士课程，以助教身份给美国本科生上课，有时间兼搞一点科研。他是一个勤俭的孩子，为了节约，他不买车子，不配手机，基本上是自己做饭吃。他不时会告诉我们一些振奋人心的好消息，比如他的博士课程考试得到了一个豪华成绩单：5个A$^+$，2个A；比如2003年全美高校最新排名，他们学校在工科排名第四，直追麻省理工、斯坦福和伯克利，而且又有两名教授获得当年的物理学、生物医学的诺贝尔奖。他兴奋地对我们讲，他要把握住机会，充分利用学校的资源，打好雄厚的知识基础，站在较高的知识起点去探索、冲刺科学堡垒。

每次他讲到这些，我的感受则是儿子在伊大是如鱼得水了。我为他庆幸和自豪。可是我总有一种挥之不去的失落感。周末两个孩子都会打电话来，那是我最愉快的时刻，之后我便又陷入空虚和思念之中。我知道这是不健康的心理状态，同我中青年时代担惊受怕的经历有关联。二十多年了我还没有彻底地从苦难的阴影中走出来，潜意识中总有某种无可名状的不安全感，有时在梦中还会回到那个可怕的年代，还会出现四处逃亡的画面。我知道神经的不健康还因为机体的不健全：三次决定生死存亡的大手术，给我躯体留下了三道不可磨灭的创伤。我曾经自我解嘲地说：我前世大概是个恶人吧，今世遭到报应，让我身体上、中、下各挨一刀（上指肺，中指胃，下指阑尾）……

我不能再这样下去了，我要生活得有意义些，开心些。我必须告别胡思乱想忧心忡忡（自己幻化出来的）、无所事事、庸人自扰的日子，一切都要从好的方面、积极的方面去想，把生活安排得充实些，过好每一天。我年轻的时候为大家庭活着，中青年时期为赎罪活着，中年以后为小家庭活着，现在步入晚年了，该是为自己活着的时候了。

女儿成家 婚姻建议

2003年有一件大事值得一记：女儿怡晖同男友李少云登记结婚，由于种种原因暂不举行婚礼。

李少云原籍安徽，哈尔滨建工学院本科毕业，华南理工大学读硕士研究生时与怡晖相识，工作后又考上同济大学读在职博士。他们相识相交长达六年之久，终于结成了姻缘。对于儿女的婚事，我的态度是尊重他们的选择。但这并不意味着放弃家长的责任。孩子们年轻，涉世不深，考虑问题难免欠周到，需要家长从旁襄助。我在他们择偶的问题上，给了几条原则性的建议：人品第一，才貌次之，兴趣爱好亦应虑及。我想，德貌才情都不可缺少，其顺序也是不可颠倒的。世间最说不清的就是"情"与"缘"，对子女的感情，不能介入太深，儿孙自有儿孙福，为他们祈福吧。可是实际生活中会这么理想吗？

女儿已经较理想地成家立业了，她和少云都是单位的骨干，社会的精英，属于所谓的高级白领。我更看重的却不是这些，而是他们安身立命建功立业的本领和能力。对她、少云，我是感到欣慰和满意的。他们婚后忙得不可开交，除了单位的上下班和经常性的国内出差不说，还不时被派往国外公干，去过美国、法国、俄罗斯、澳大利亚及非洲地区。这样一来，他们就难以过正常的、安适的家庭生活了。这也自然而然地影响到我们如何度过晚年。同住一个屋檐下安享天伦乐是不可能的。为了他们的事业，我们做老人的应自觉避免去干扰，一年互相探望一次是现实可行的。

老伴患疾 再度抱恙
侍奉老母 力不从心

2003年12月，武丽突然患了结节性血管炎。这是一种极为罕见的疾病，学院的附属医院没见过这种病，沙市第一医院皮肤科收治了她。住院半月，病情得到控制。刚发病时四肢关节部位凸现红色疹块，触摸内有小结且有痛感，行走时足踝处胀痛。住院治疗方案：和血、祛瘀、化结，出院时似乎基本上归于正常，但半个月后即复发，症状同前且更为严重，于是通过电话由一医负责给武丽治病的刘主任指点治疗方略，由院附属医院组织实施，长达一月之久病情方才又重新得到控制，其间吃药打针同时并举，频频往返于医院与住所之间，武丽和我都疲惫不堪。因为她不能走动，去医院得请人背着或用车子推着，又是在隆冬季节，户外寒气逼人，不小心便伤风感冒，对病人无异雪上加霜，我则因此诱发了支气管哮喘，咳嗽见红，经拍片诊断为老年性支气管炎和肺气肿，需打吊针。这样家里就有了两个病人，日常生活便无人料理了。托人请了一位姓刘的下岗女工做钟点工，每天上午打扫卫生、买菜、洗菜，从卫生角度考虑，没让她做饭，她只是做好准备工作，余下事由我来完成，我还要热下午的一顿饭菜，事情虽然不多，但件件都得亲自动手，作为一个七旬的病人，也就苦不堪言了。

在这样极度困难的情况下，老母亲在我这里就住不下去了，我实在没有力量再照顾她了。弟弟近在咫尺，可他不帮忙，或者有什么苦衷帮不上忙，只好由我来安排老妈的生活，通过各种关系，打了无数个电话，找到了院内一职工S君愿为我解困，具体地讲就是把老妈接到他家去，他把在外打工的妻子召回来照顾生活，我们每月付给她八百元报酬。这笔酬金相对于当地的生活水平是很高的了。起初老妈还不愿意去，说我不该不要她了，经过耐心解释方勉强住到了S家。他们家二室一厅带厨卫，只有一个七八岁的小女孩，条件还不错；他们给老太太腾出一间房，有一张双人床，壁橱、沙发。老太太一日三餐，早晚的盥洗都由S君的妻子伺候；在我们嘱咐之下，他们还负责提醒老太太按时服药（患了心脏病）。把老妈安顿好后总算松了一口气，少了一头负担，不承想精神负担仍摆脱不了——这样的安排得不到姐妹兄弟们的理解，他们打电话来指责，好像我做了什么忤逆不道的事，我开始还辩解说不如此则三餐饭都没有保障，后来我连反驳的愿望都没有了，发脾气不同"手足"们来往了。

老妈的内心是不愿住在别人家的，所以要求特别高，不久就嫌S君家照顾得不周到，想回到家来。但亲眼看到我自顾不暇，有时一日只吃简单两顿的状况后，她暂时放弃此念。这时，有一个江陵机械厂的下岗女工介绍她的邻居（也是一位下岗女工），说此人心地善良，性格温和，讲究卫生，愿意为老太太服务。经过我同弟弟实地考察，各方面条件确实优于S君家，于是让老太太搬了过去。

出版后记

很幸运能有机会出版父亲的遗作，自传《心路——平凡不平淡的人生》。由于全文尚缺一个完整的结尾，应编辑之请在这里做一个简略的交代。

在我的心目中，父亲算得上是一个多才多艺的才子，怎奈生不逢时，遭遇了一连串的不幸，无法施展自己的才能。在听到父亲茶余饭后闲聊起他的遭遇时，我常常为他感到惋惜。他也常向我提及他热爱写作，流露出希望能在文学领域有所建树，留下文学作品的心愿，可惜因为身体原因（遭遇了两次凶险的大手术）力不从心。在他退休之后，我便经常"怂恿"他把自己的人生经历写出来，我觉得他的人生经历兼具那个时代知识分子的典型性和独特性，富于传奇又归于平凡，我相信他的故事会有打动人心的力量，值得让更多的人读到。

于是父亲利用零星的时间在家"秘密"写作，终于在2006年我回国探亲时完成了初稿。谁知我刚返回美国两个月，就收到父亲病故的噩耗，犹如晴天霹雳。

同年年底我回国祭拜了父亲并把手稿随身带走，打算编辑整理出来。可是丧父的巨大悲痛让我无法面对父亲的手稿。直到十多年后，我才再次拿出手稿，将其敲入了电脑。在输入手稿的过程中，我数次被文稿感动得泪流满面；我也将其分享给我的妻子，她在读完全稿后蒙头大哭了一场。这更让我坚定了要将其出版的决心。

　　在输入全文之后，我便将全文分段录成了音频同时还设计了一个封面，打算先将其放到网络上推广。但是面对网络上的鱼龙混杂，加上没有丝毫的经验，我打起了退堂鼓，于是这件事又被搁置了下来。直到今年一个偶然的机会结识了一位朋友，在他的推荐下得知了几家出版社的信息，经过比较选择了壹嘉出版。在此感谢壹嘉出版对书稿的认可，希望作品能够为大家喜爱。

　　最后回到书的结尾上来，我并不确定这是父亲有意为之还是没来得及收尾，无论如何我觉得以平实的家常生活描写收尾也不失为一个开放式的结尾，毕竟生活是没有所谓的结尾的。

林怡若

2025年9月14日写于德州